전통의 재발견(The Retrieval of a Tradition)
프란치스칸과 도미니칸 지적 전통 간 대화와 차별화

요한네스 프라이어, 작은형제회 글
이용호 프란치스코, 작은형제회 / 황성욱 야고보, 작은형제회 옮김

제21차 프란치스칸 영성 학술 발표회

일시: 2019년 6월 24일~26일
장소: 서울 정동 프란치스코 교육회관
주최: 작은형제회(프란치스코회) 한국 관구 프란치스칸 사상 연구소

학술 발표 모음 11
전통의 재발견(The Retrieval of a Tradition)
프란치스칸과 도미니칸 지적 전통 간 대화와 차별화

교회 인가 | 2020년 5월 19일
발 행 일 | 2020년 5월 31일

펴낸이 | 호명환
만든이 | 조수만
글 | 요하네스 프라이어
옮김 | 이용호 / 황성욱
만든곳 | 프란치스코 출판사(제2-4072호)
주소 | 서울 중구 정동길 9
전화 | (02) 6325-5600
팩스 | (02) 6325-5100
이메일 | franciscanpress@hanmail.net
홈페이지 | https://blog.naver.com/franciscanpress

ISBN 978-89-91809-74-1 93230
정가 11,000원

이 도서의 국립중앙도서관 출판사도서목록(CIP)은
서지정보유통지원시스템 홈페이지(http://seoji.nl.go.kr)와 국가자료공동목록시스템
(http://www.nl.go.kr/kolisnet)에서 이용하실 수 있습니다
CIP제어번호 | CIP 2020020890

전통의 재발견(The Retrieval of a Tradition)
프란치스칸과 도미니칸 지적 전통 간 대화와 차별화

요한네스 프라이어, 작은형제회 글
이용호 프란치스코, 작은형제회 / 황성욱 야고보, 작은형제회 옮김

차례

『학술 발표 모음 11』를 발행하면서   9

1. 복구의 의미   12
1.1 소명   14
1.2. 새로운 활력을 위한 재발견   17

2. 프란치스칸 전통의 재발견   18
2.1. 방법론   19
2.2. 프란치스칸 지적·영적 전통   19
2.3. 신학적 접근의 전반적인 개요   20

3. 철학적 전제들   23
3.1. 과학에 대한 이해   24
3.2. 존재론적 배제   26

4. 신학적 관점   28
4.1. 신학의 이해   28
4.1.1. 이론적·실천적 원리로서의 신학   29
4.1.2. 유비와 일의성   30
4.1.3. 연역과 귀납   32

4.1.4. 관계적 속성과 본질적 속성　34

4.1.5. 본질의 용어와 관계의 용어　35

4.1.6. 하느님을 아는 것과 사랑하는 것　36

4.1.7. 철학적 근거와 계시의 근거　37

4.2. 신관　39

4.2.1. 초월 신학과 공현 신학　40

4.2.2. 일성과 삼위일체성　41

4.2.3. 제일원인과 최고선　42

4.2.4. 순수현실유와 다산성 안에서 제일성　44

4.2.5. 내재 신학과 구원 경륜 신학　45

4.2.6. 완전함과 관대함　46

4.2.7. 육화의 다른 해석　47

5. 인간학적 틀　48

5.1. 인간 존재론　49

5.1.1. 인과 관계와 의지 관계　49

5.1.2. 참여의 형이상학과 우유적 질서　50

5.1.3. 자연에 대한 단계(steps) 이론과 완성(terminus) 이론　51

5.1.4. 본질의 구분(essence distinction)과 이것성(thisness)　52

5.1.5. 본성 혹은 대상 정체성　53

5.1.6. 인지 활동과 조명　54

5.1.7. 알기와 사랑하기　55

5.2. 윤리·도덕적 질문　56

5.2.1. 타락한 본성과 타락한 행위　57

5.2.2. 의지의 중요성　58

5.2.3. 완성과 자유 그리고 관계성과 자유　59

5.2.4. 덕과 사랑　60

5.2.5. 도덕적 결정　62

5.2.6. 덕과 지혜　64

6. 프란치스칸 학파 개괄　64

6.1. 성 프란치스코와 더불어 시작하기　65

6.2. 하느님 말씀 주변으로 감(Orientation around the word of God)　69

6.3. 프란치스칸 학파들과 그 지향　70

6.4. 프란치스칸 해석학　80

6.5. 프란치스칸 학파의 신비주의　84

6.6. 프란치스칸 학파와 경제 윤리　86

7. 그리스도론 전통　93

7.1. 프란치스칸 그리스도론　97

7.2. 대속 그리스도론에서 자기 비움의 그리스도론으로　102

7.3. 교의에서 실천으로: 성령론적 그리스도론　108

7.4. 삼위일체적 그리스도론: 프란치스칸 전통의 중대한 공헌　111

8. 결론: 내일을 위한 신학　112

8.1. 프란치스칸 교회론과 세계관에 관련된 성서 주제　113

8.2. 기본적 신학 주제　114

8.3. 사목적 주제　116

[학술 발표 모음 11호]를 발행하며

주님의 평화와 그분의 선하심이 여러분의 삶에 가득하길 빕니다!

프란치스칸 사상 연구소는 2019년 6월 제21차 프란치스칸 영성 학술 발표회에 독일 출신 프란치스칸 신학자 요한네스 프라이어Johannes Freyer, OFM 형제님을 초대하여 지적 나눔의 시간을 가졌습니다. 지난 2017년 학술 발표회에서 프란치스칸 인간학에 대한 심도 있는 배움의 기회를 주셨던 프라이어 형제님과 함께 이번 발표회에서 중세 지적 전통의 두 줄기인 프란치스칸과 도미니칸 학문 전통의 발전을 살펴보고 그 현대적 의미에 대해 조명해 보는 시간을 가졌습니다.

13세기 초엽, 성 도미니코(1170–1221)와 성 프란치스코(1181/2–1226)가 설교수도회(도미니코회)와 작은형제회(프란치스코회)를 설립한 이후, 이 두 탁발 수도회는 중세와 근세 가톨릭교회의 영적 쇄신과 더불어 지적 혁신과 발전을 주도해 왔습니다. 널리 알려진 신학자들인 성 대 알베르투스(+1280)와 성 토마스 아퀴나스(1225–1274), 그리고 바뇨레조의 성 보나벤투라(1217/1221–1274)와 복자 둔스 스코투스(1266–1308)는 두 수도회의 지적 전통을 세우고 발전시킨 수많은 학자들 중에 몇 명에 불과합니다.

도미니코회와 프란치스코회는 13세기까지 대수도원들을 중심으로 발전했던 수도승원 신학 전통을 잇고 12세기부터 대학을 중심으로 발전하기 시작한 스콜라 신학을 받아들여, 중세 유럽 교회의 사목적 지적 필요에 공동으로 응답하면서, 동시에 각 수도회의 고유한 카리스마를 바탕으로 독창적인 지적 전통을 발전시켜 나갔습니다. 이처럼 중세와 근세를 거치면서 두 수도회의 지적 전통이 서로 구별되어 발전해 왔다는 것은 널리 알려진 사실이지만, 구체적 차이점에 대해서는 한국 교회 안에서 심도 있게 배울 기회가 적었습니다.

요한네스 프라이어 형제님은 오랫동안 로마 안토니아눔 대학에서 프란치스칸과 도미니칸 지적 전통을 가르치셨던 분으로서, 2019년 학술 발표회는 도미니칸과 프란치스칸 신학의 공통점과 차이점에 대해 궁금하셨던 분들의 지적 갈증을 조금이나마 풀어주는 소중한 시간이었으리라 생각합니다. 또한, 이번 학술 발표회는 수도회의 지적 전통이 그 수도회의 고유한 영성과 삶과 얼마만큼 밀접하게 연관되어 있는지를 확인할 기회였으며, 과거 지적 전통들이 단순히 지나간 시간 안에 머무는 것이 아니라 현재와 소통할 수 있음 또한 볼 수 있었습니다. 학술 발표 모음 11호는 2019년 여름 발제를 보충 정리한 것으로, 이번 모음집이 도미니칸과 프란치스칸 신학의 비교에서 전반적으로 프란치스칸 지적 전통에 좀 더 중심을 두고 있음을 미리 독자분들에게 알려드립니다. 그것은 발표자가 이 발표회의 참석 대상자가 주로 프란치스칸들임을 염두에 둔 것으로 이해합니다. 가까운 미래에 기회가 된다면 프란치스칸 신학자와 도미니칸 신학자들을 함께 모시고 두 지적 전통의 상호 교류와 영향에 관해 연구하고 발표하는 시간을 가지는 것도 좋지 않을까 제안해 보며, 이는 2025년 성 토마스 아퀴나스 탄생 800주년을 맞이하는 교회에 큰 선물이 될 수 있으리라 생각합니다.

끝으로 제21차 프란치스칸 영성 학술 발표회를 위해 기꺼이 한국을 다시 찾아주신 요한네스 프라이어 형제님, 번역과 통역을 맡아주신 황성욱 야고보 형제님, 통역과 발표회 진행을 도와주신 김일득 모세 형제님, 발표회 진행을 도와주신 성북동 수도원의 형제님들, 그리고 발표회의 처음부터 마지막까지 뒤에서 묵묵히 애써 주신 이숙영 아녜스 자매님께 감사 인사를 드리며, 이 책의 출판을 위해 애써 준 프란치스코 출판사에도 특별한 감사의 인사를 드립니다. 이 세미나를 준비부터 마무리까지 총책임을 다하시고 로마에서 후학들을 가르치러 떠난 전임 소장 이용호 프란치스코 형제님에게 특별한 감사와 응원을 보냅니다.

2020년 4월 1일
프란치스칸 사상 연구소장 오상선 바오로 형제

전통의 재발견(The Retrieval of a Tradition)
프란치스칸과 도미니칸 지적 전통 간 대화와 차별화

"프란치스칸 지적 전통의 재발견(retrieval)은 고무적인 발전인데, 우리 전통에서 최상의 것을 끌어내고 오늘날 세상에서 프란치스칸 정신을 더욱 분명하게 드러내도록 영감을 줄 수 있을 것이기 때문입니다. 프란치스칸 '사상'(thought)은 사회에 대한 우리의 복음 비전을 드러내는 지혜, 윤리, 영성 발전에 초석을 제공할 수 있습니다."[1]

1. 복구의 의미

일반적으로, 복구(retrieval)는 중요하거나 필요한 어떤 것을 다른 곳으로부터 다시 가져오는 과정을 말합니다. 복구는 잃어버렸거나 통상적인 장소에 있지 않은 어떤 것을 다시 가져오는 과정 이상인 셈이죠.

좀 더 전문적으로, 우리는 정보 검색(Information Retrieval)[2]이란 말도 합

---

1 참조: Keith D. WARNER, "Retrieving Franciscan Philosophy for Social Engagement," The Cord 62 (2012), 401-424.

2 데이터 혹은 자료(data)란 실험이나 관찰로부터 얻은 평가되지 않은 사실로서 숫자 또는 문자들의 집합이고, 정보(information)는 명확하게 정의하기 어려우나 일반적으로 특정 목적을 위해 이용될 수 있도록 가공된 데이터라 할 수 있으며, 지식(knowledge)은 특정 응용 분야의 구체적인 문제 해결에 이용되는 조직적이고 체계화된 정보를 말한다. 그러나 데이터와 정보, 지식은 실제로 사용될 때 혼용되기도 한다.

니다. 정보 검색은 정보군에서 필요한 정보와 관련된 정보 자원을 수집하는 활동입니다. 검색은 문서 전체를 검색하거나 문서 내용과 관련된 색인 검색을 통해 이루어집니다. 정보 검색은 한 문서 내에서 정보를 검색하고 문서들 자체를 검색하며, 데이터를 설명하는 메타데이터와 텍스트, 이미지 또는 사운드 등의 데이터베이스를 검색하는 학문입니다. 우리 대부분은 컴퓨터로 작업을 하다가 어떤 중요한 텍스트를 잃어버렸을 때 데이터를 복구할 수 있다는 것을 알고 있습니다. 컴퓨터 과학에서 정보 검색은 컴퓨터 메모리로부터 정보를 가져오는 작업을 말합니다.

컴퓨터로부터 정보를 검색하는 것은 정보를 되찾는 과정입니다.

① 복구 행위 혹은 과정
② 회복, 복원, 혹은 정정의 가능성
③ 파일에서 기록이나 다른 데이터를 불러내는 컴퓨터 파일 정리 작업
④ 컴퓨터에 저장된 정보를 다시 사용하기 위해 꺼내 오는 과정을 의미합니다.

기술적인 의미로 자료 검색(data retrieval)은 데이터베이스 관리 시스템에서 자료를 얻는 것을 말합니다. 이 경우, 데이터가 구조적으로 나열되어 있고 데이터 내에 오류가 없다고 여깁니다. 원하는 자료를 검색하기 위해서 사용자는 적당한 검색 질문들을 넣습니다.

한편, 자료 검색과 관련하여 또 지식 검색(knowledge retrieval)이란 것도 있습니다. 지식 검색(KR)은 단순한 데이터 항목 목록과 달리 인간의 인지 과정과 일관된 구조로 정보를 반환합니다. 좀 더 구체적으로 말하면, 메모리에 저장된 정보에 접근하는데 인간의 인지 과정과 유사하게 과정

을 사용하는 것입니다. 지식 검색은, 인식론(인지 이론), 인지 심리학, 인지 신경 과학, 논리 및 추론, 기계 학습 및 지식 발견, 언어학 및 정보 기술을 포함하는 다양한 분야와 연관되어 있습니다. 한편, 이와 관련하여 인문학에서도 철학, 신학, 영성과 같은 인문학 전통의 복구에 관해서 이야기하는데, 교회에서도 제2차 바티칸 공의회를 준비하고 개최하는 여러 해 동안, 이 복구 과정이 점점 중요하게 대두되었습니다. 제2차 바티칸 공의회는 오랜 신학적 제약을 풀고 교회를 개방하며 새로운 천년기를 준비하면서 가톨릭교회가 전해 받은 풍부한 신앙 전통들을 연구하였습니다.

1.1. 소명

다양한 신학과 영성 전통에로의 복귀는 하나의 소명으로 생각될 수 있습니다. 제2차 바티칸 공의회가 부여한 사명이지요. 1962년 10월 11일 공의회 개막 연설에서 요한 23세 교황께서 이렇게 말씀하셨습니다. "보편 공의회의 주된 관심사는 이것입니다. 즉, 그리스도교 진리에 관한 거룩한 전통이 보전되고 더 효과적으로 퍼져 나가는 것입니다. …그 의도는 그 교의 전부를 세상에 주려는 것입니다."

또한 「교회에 관한 교의 헌장」(Lumen Gentium)(이하 「교회 헌장」)에서 공의회는 다양한 신학 전통의 풍요로움을 상기시키고 촉진하고 있습니다.

「교회 헌장」 제2장, 하느님의 백성 13항은 다음과 같이 선포합니다.

> 이 보편성의 힘으로, 각 부분이 그 고유한 은혜를 다른 부분들

과 온 교회에 가져다 주어, 전체와 각 부분은 모든 것을 서로 나누며 일치 안에서 충만을 함께 도모하는 가운데에 자라나게 된다. 그러므로 하느님의 백성은 여러 민족 가운데에서 모인 것일 뿐 아니라 그 자체 안에서도 여러 계층으로 이루어져 있는 것이다. 실제로 하느님 백성의 지체들 사이에는 다양성이 있다. 직무에 따라 어떤 이들은 자기 형제들의 선익을 위하여 거룩한 봉사 직무를 수행하며, 신분과 생활 양식에 따라 많은 이들은 수도 생활 속에서 더 좁은 길로 성덕을 추구하며 형제들을 자신의 모범으로 격려한다. 그러기에 또한 교회의 친교 안에는 고유한 전통을 지내는 개별 교회들이 당연히 존재한다. 그러나 베드로 사도좌의 수위권은 온전히 보존된다. 사랑의 모든 공동체를 다스리는 베드로 사도좌는 정당한 다양성을 보호하고 또 동시에 개별 요소들이 일치에 해를 끼치지 않고 오히려 일치에 이바지하도록 감독한다. 그러기에 마침내 교회의 여러 부분 사이에는 영적 부요와 사도직 인력과 현세적 자원에 관한 긴밀한 친교의 유대가 존재한다. 사실 하느님 백성의 구성원들은 서로 선익을 나누도록 불렸으므로, "각자가 받은 은총의 선물이 무엇이든지, 그것을 가지고 서로 봉사하십시오"(1베드 4,10).

그리고 32항에서 이렇게 계속됩니다.

하느님께서 세우신 거룩한 교회는 놀라운 다양성으로 이루어지고 다스려진다. … 따라서 교회 안에서 모든 이가 똑같은 길을 가는 것은 아니지만, 모든 이가 성덕을 닦도록 불리었고 하느님의 정의에 힘입어 똑같은 신앙을 가지게 된 것이다(참조: 2베드 1,1). … 이렇게 다양성 안에서 모든 이가 그리스도의 몸에서 이루어지는 놀라운 일치에 대한 증거를 보여 주고 있다. 실제로 은총과 봉사와 활동의 다양성 그 자체가 하느님의 자녀들을 하나로 모은다. "이 모든 것은 한 분이신 같은 성령께서 하시는 일"(1코린 12,11)이기 때문이다.

「교회 헌장」은 다양성을 정당화할 뿐만 아니라 다양성을 교회의 전통과 정체성의 본질적인 부분으로 선언하고 있습니다. 이처럼 다양성은 그리스도의 몸 안에서 일치를 이루기 위한 성령의 선물로 인식되고, 교회는 다양성의 친교 안에서 드러나는 풍요로움에 기초하고 생겨납니다.

제2차 바티칸 공의회가 다양성 자체의 풍요로움을 재평가하면서 교회는 교회의 폭넓고 다양한 신학 영성 전통들을 재발견하려는 노력을 기울이게 됩니다. 공의회는 「일치 운동에 관한 교령」(Unitatis Redintegratio) 15항에서 "그리스도교의 완전한 전통을 충실히 지키고" 다른 그리스도교 전통들을 잘 돌보도록 권고하고 있습니다. 이 전통들은 "교회 일치에 지장이 되지 않을뿐더러 오히려 교회의 아름다움을 더해 주고 그 사명을 다하는 데에 적지 않게 이바지"(16항)하기 때문입니다.

이러한 다양성은 함양되어야 하는데, 신앙 교리에 관한 합법적인 다른 신학적 표현들 안에서 구체적으로 인정됩니다. 「일치 운동에 관한 교령」 17항은 다음과 같이 표명합니다.

정당한 다양성에 대하여 위에서 말한 것을 그대로 교리의 다양한 신학적 표현에 대해서도 선언하고자 한다. 계시 진리의 탐구에서 하느님을 인식하고 고백하는 다양한 방법과 접근법을 동방과 서방에서 사용하였기 때문이다. 계시된 신비의 어떤 측면을 어떤 때에 이 사람보다 저 사람이 더 적절히 이해하고 더 분명하게 표현한다는 것은 이상한 일이 아니므로 그러할 때 그 다양한 신학적 표현들은 흔히 대립한다기보다는 오히려 서로 보완한다고 말하여야 한다.

지난 수백 년 동안 교회가 철학과 신학적 사유를 '신스콜라주의'로 제한하고 편향적이었다면, 이제 교회는 본래의 신학적 풍요로움을 되살리고자 하는 것이죠.

1.2. 새로운 활력을 위한 재발견

재발견은 그 자체가 목적이 아닙니다. 전통을 정확히 알아보는 것은 오늘날 세상에서 교회의 사명을 새롭게 하고 새로운 활력을 주기 위해서 중요합니다. 새로운 발전들을 마주하고, 제3천년기에 교회와 사회에 주어진 새로운 문제들을 직면하는 것입니다. 세계화, 기술의 폭발적 발전, 그리고 정치 종교 경제 과학의 발전들은 신학의 틀을 재구성할 것을 요구하고 있습니다.

이러한 맥락에서, 전통의 재발견을 통해 교회는 분명한 목소리와 가톨릭적인 대안, 즉 참으로 가톨릭적이면서도 교회 전통에 충실한 그런 대안을 제시하게 됩니다. 풍부한 신학적 접근의 통합은 신앙을 강화하며 이 세상에 다음과 같이 정의로운 활동을 격려하는 일관성 있는 지적인 길을 제시하는데 희망을 주고 도움이 될 것입니다.

1) 전인적 인간 개발 장려
2) 계시 진리의 심화
3) 이론과 실천, 행동과 관상 사이의 균형 강조
4) 더욱 진실된 방식으로 복음화 수행
5) 신앙에 적합한 활동들에 참여
6) 교회 일치, 종교 간 문화 간 대화 참여 장려

2. 프란치스칸 전통의 재발견

토마스 아퀴나스의 가르침에 기반을 둔 잘 알려진 토미즘 전통과 함께 프란치스칸 신학 전통은 수 세기에 걸쳐 서방 교회 신학의 한 주류를 형성해 왔습니다. 지난 150년 동안 토미즘 신학은 신학계에서 주류로 인식됐고 더 잘 알려진 것 같습니다만, 프란치스칸 신학은 비주류로 여겨져 왔습니다. 제2차 바티칸 공의회가 교회 가르침의 풍요로움을 재발견하기를 바람으로써 교회는 그동안 간과했던 신학적 지류들에 관심을 가지게 되었으며 이 지류들이 신자들의 삶을 더 풍요롭게 적셔 주게 되었습니다. 이제 우리는 여러 신학적 주류 중 하나인 프란치스칸 전통을 복기해보고자 합니다. 심도 있게 진행되는 재발견의 과정을 통해 프란치스칸 전통을 좀 더 명확히 이해하고 설명할 수 있게 될 것입니다. 또한, 이 과정에서 프란치스칸 전통이 교회의 정통 가르침을 풍요롭게 해왔음을 확인하고, 현대 교회와 세상에 신학과 영성의 한 접근 방법을 제시할 수 있을 것입니다. 이러한 복구 작업을 촉진하기 위해 우리는 프란치스칸 신학과 영성을 여러 방면에서 더 많이 공부할 수 있도록 성인 학도들을 광범위하게 초대할 필요가 있습니다.

2.1. 방법론

프란치스칸 전통이 무엇인지 확인하고 프란치스칸 전통이 다른 스콜라 학파들, 특히 토미즘과 어떻게 다른지 알아보기 위해서 우리는 효과적인 방법을 따라야 할 것입니다.

먼저, 우리는 중세 신학에서 중요한 역할을 하게 되는 철학적 전제들을 살펴보고, 신의 개념과 인간학적 틀과 같은 신학적 주제들을 프란치스칸 접근 방식 안에서 살펴보아야 합니다.

둘째, 우리는 프란치스칸 학파가 다른 스콜라 학파들과 어떻게 다른지 살펴보고, 동시대 철학적 신학적 논쟁들과 연관지어 프란치스칸 전통의 성격을 분명하게 서술할 필요가 있습니다.

마지막으로, 우리는 오늘날 프란치스칸 정신에 따라 어떻게 참된 그리스도인으로 살아갈 수 있는지 제시할 수 있을 것입니다. 즉 현대 사회에 모든 사람이 형제·자매로서, 자연과의 조화 안에서, 소외되고 억압받는 이들과 연대하며, 한정된 지구의 자원을 아끼며 살아가도록 촉구합니다.

2.2. 프란치스칸 지적·영적 전통

프란치스칸 전통은 많은 인물이 관여하여 발전해 왔습니다. 프란치스칸 전문가인 케넌 오스번Kenan Osborne은 프란치스칸 전통에 대해 아래와 같이 언급합니다. "프란치스칸 전통은 새로운 신학이 아닙니다. 오히려 그것은 어떠한 기본적인 아이디어들을 다른 신학 전통들과 대비하여 강조하는 전통적 신학의 한 형태일 뿐입니다." 아씨시의 프란치스코와 아씨시의 클라라는 이 전통의 기초가 되는 분들입니다. 그들의 복음적 삶에 대한 비전은 하나의 지적 영적 전통으로 발전해 나갔습니다. 프란치스칸 가족에 속하는 모든 형제자매는 문화, 과학, 예술, 철학, 신학, 영성, 신비주의, 문학, 건축과 같은 분야들의 발전에 이바지해왔습니다. 또한, 세상의 부를 '가난한 이들을 위한 유산'으로 본 프란치스칸 가족들은 부의 공정한 분배를 위해 특별히 경제학 분야와 경제 윤리 발전에 이바지해 왔습니다. 프란치스칸 전통에 이바지해 온 남녀 중 몇몇만을 언급하자면 다음과 같습니다. 파도바의 안토니오Anthony of Padua, 헤일스의 알렉산더Alexander of Hales, 페트루스 요한 올리비Peter John Olivi, 요한 둔스 스코투스John Duns Scotus, 윌리엄 오컴Willam Ockham, 오수나의 프란치스코Francis of Osuna, 폴리뇨의 안젤라Angela of Foligno. 이들 프란치스칸은 과학의 발전, 존재론의 정의, 신학의 이해, 하느님에 대한 비전, 인간 존재의 위치, 인간 행동의 윤리 도덕적 특징, 그리고 윤리적 시장 거래의 틀을 우리에게 제공해 주었습니다.

2.3. 신학적 접근의 전반적인 개요

프란치스칸 지적 전통이 무엇인지 알기 위해서는, 프란치스칸 관점이 발전하는 데 토대가 되었던 스콜라주의의 다른 접근법들에 대한 기본적인 이해가 필요합니다.

이 개요는 스콜라주의 철학 신학 학파들에 영향을 준 두 개의 신학 전통들을 개괄적으로 정리한 것입니다. 개요의 한편에는 오랫동안 수도원을 중심으로 전수되고 발전되어 온 수도승원 전통을 소개하고, 다른 편에는 '믿음의 예술'(철학)Art of Faith이라는 새로운 개념을 발전시킨 이른바 떠오르는 대학들의 새로운 학파들이 있습니다. 이 두 지적 흐름의 주요 특징들을 나열 비교합니다. 두 신학 주류들은 생빅토르 학파, 푸아티에의 질베르투스 학파, 그리고 파리 학파와 피에트로 아벨라르두스 학파들에 의해 발전하게 됩니다. 이 학파들은 모두 이후 도미니칸과 프란치스칸 학파들이 속하게 되는 후기 스콜라 학파들을 준비시키고 다양한 방식으로 영향을 끼치게 되었습니다.

전통적인 수도원 학파들	새로운 학파들
수도원 전통	믿음의 기술(철학)
● 모든 공부는 성경에 바탕을 둠	● 과학적 방법론을 통해 신앙의 명제들을 이해하려 함. 문법, 수사법, 변증법 등을 성경 이해와 교리 개념 정립에 이용
● (역사적 사건들을) 구세사의 빛 안에서 해석	● 지성이 믿음의 명제들을 다루는 데 사용됨
● 방법론: 독서 -> 묵상(신앙의 빛 안에서 성서 구절 이해) -> 기도 -> 관상(성서 구절들을 역사적 현실에 적용) -> 실재의 신비적 의미 발견 -> 신앙과 삶의 경험을 연결	● 방법론: 분석 -> 논쟁 -> 해결
● 상징적 언어	● 성경을 역사적 문헌으로 해석하는 성경 주석과 계시의 교의적 의미를 체계적으로 연구하는 것을 구별
● 역사의 유비적 이해	● 신앙과 하느님에 대한 이해를 바탕으로 세상의 현실을 이성적으로 분석
● 실재와 세상에 성스러운 의미 부여	● 철학적 용어와 개념들을 신학에 접목: 실체, 본질, 위격, 본성
● 전 우주를 상징적 의미 안에서 이해	● 인간을 과학적 연구의 주제로 삼는 신학적 인간학: 인간의 주관적 행위를 초월적 향한 행위로 해석하려 함 -> 의도와 양심의 중요성
● 인간은 영적인 힘들에 의존함	● 자연과 인간 그리고 이성의 자율성을 지지하는 자연주의
● 덕행을 통해 천상의 삶을 이 세상에서 실현하려 함	

네 학파와 개념들

1) 생빅토르 학파(School of St. Victor, 파리 근교의 아우구스티노회 수도원): 아벨라르두스ABELARD의 스승이자 프랑스 샬롱-장-샴파뉴(Châlons-en-Champagne)의 주교였던 샴포의 기욤(William of Champeaux)에 의해 1108년에 설립되었습니다. 이 학파의 유명한 학자들 중에 생빅토르의 후고 Hugo of st. Victory, 아카드Achard, 리카르두스Richard, 고드프리Godfrey, 그리고 발터Walter가 있습니다.

학파의 가르침: 지식의 원천은 성서 구절에서 발견된다. 즉 모든 인간의 지식은 그 원리를 성경 안에 갖고 있다. 세속 역사는 구세사로 인식된다. 사랑의 신비를 종합하고 철학적 스콜라 방법을 다루는 학파. 지식보다 중요한 것이 하느님을 관상적으로 바라볼 수 있게 해 주는 덕행들을 사는 것이다. 이 학파는 프란치스칸 지성 학파의 접근에 아주 큰 영향을 끼침.

2) 푸아티에의 질베르투스 학파(School of Gilbert of Poitiers): 질베르투스(1085년 이후 - 1154년 9월 4일)는 스콜라주의 논리학자고 신학자이며 푸아티에의 주교입니다. 그는 조직 신학(systematic theology)의 주제들을 성서 주석으로부터 구별하고 분리했습니다. 또한, 그는 보에티우스와 아리스토텔레스의 철학적 방법론을 조직 신학에 접목했습니다. 조직 신학은 정확한 과학으로서 신앙에 대해 통찰력 있게 서술하며, 질베르투스는 명확한 형이상학적 범주에 바탕을 두고 면밀한 용어들을 도입하였습니다.

3) 소위 파리 학파(School of Paris)는 성경 주석과 페트루스 아벨라르

두스(Peter Abelard, 1079년 - 1142년 4월 21일)의 방법론을 따르는 교의 연구(sententiis)를 결합하였습니다. 이 학파의 가장 중요한 연구 주제들은 어떤 것들의 본성, 예를 들어 신앙, 성사, 그리고 사랑의 본성이었습니다. 또한, 효과적인 교수법인 전체적인 개요 제시도 중요한 특징입니다.

4) 파리의 주교였던 페트루스 롬바르두스(1096년경 - 1160년 7월21/22일) 학파. 그가 저술한 네 권으로 구성된 명제집(sentences)은 신학 강의를 위한 완전한 안내서로서, 철학적 기반을 갖추고 있습니다. 페트루스 롬바르두스는 학자로서 생빅토르 학파의 가르침과 푸아티에의 질베르투스 학파의 개념들을 조화시키려고 노력했습니다.

3. 철학적 전제들

프란치스칸 학파를 이야기하면서, 우리는 헤일스의 알렉산더 Alexander of Hales가 설립한 파리의 프란치스칸 학파와 로버트 그로스테스트 Robert Grosseteste가 창립한 옥스포드의 프란치스칸 학파를 구분할 필요가 있습니다. 파리 학파에서는 전통적으로 플라톤주의적 아우구스티누스주의 전통이 강했고, 옥스포드 학파의 경우 아리스토텔레스주의에 가깝고 과학적인 경향이 있었습니다. 그럼에도 불구하고, 두 프란치스칸 학파들의 특징적인 철학적 전제들을 살펴볼 때, 우리는 과학에 대한 이해와 존재한다는 것의 의미와 성질을 다루는 존재론적 토론이 두 학파에 공통된다는 점을 발견할 수 있습니다.

3.1. 과학에 대한 이해

스콜라주의 시대에는 일반적으로 학문을 진리를 설명하는 지성적 능력과 이론적 능력으로 이해하였습니다. 그런데 학문에서 결론에 이르는 데에는 여러 가지 방법론적 과정들이 있습니다. 먼저, 형이상학에서 물리학으로 혹은 수학에서 광학으로 진행하는 것처럼, 위에서 아래로 나아가는 방법이 있습니다. 어떤 면에서 이 과정은 좀 더 이론적인 것에서부터 구체적이고 응용 가능한 것으로 진행되며, 어떻게 구체적인 것이 한 원인의 결과물로서 연유하게 되는지 보여 줍니다. 인식론적으로, 어떤 지식을 얻게 되는 과정을 보면 일반적이고 보편적인 것에서 개별적이고 고유한 것으로 나아감을 보게 됩니다.

다른 한편으로, 기본적인 개념들에서 시작하여, 즉 낮은 것에서부터 시작해서 높은 것으로 쌓아 가는 방법이 있습니다. 이 경우, 우선 전치사들과 관련된 기본적인 단어들을 분석합니다. 용어들은 더 이상의 설명 없이 이해할 정도로 자명해야 합니다. 전치사는 ~후에(after), ~안에(in), ~로(to), ~위에(on), ~와 함께(with) 같은 단어들을 말합니다. 전치사는 주로 명사와 대명사 앞에(유럽어의 경우) 사용하고, 그 단어 혹은 대명사와 문장 안의 다른 단어들과의 관계를 설명합니다. 전치사들은 예를 들어 어떤 것의 위치, 사건이 일어난 시간, 혹은 사건이 일어난 방식 등의 설명에 관여합니다. 이 방법은 먼저 구체적인 것이나 응용된 것들을 살펴보고, 이어서 좀 더 이론적인 것으로 나아가 근본적인 개념들을 보여 줍니다. 이 경우 실재하고 구체적인 것 이면에 있는 기반들을 찾아내는 것이 중요합니다. 인식론적으로 일반이나 보편은 오직 개별적이거나 고유한 것에만 존재한다고 말할 수 있습니다.

요약하자면, 과학의 이해 방법에는 두 가지가 있습니다. 하나는 인과 원리에 따라 원인에서 구체적이고 응용된 것으로 나아가거나 혹은 결과에서 원인으로 되돌아보는 방법입니다. 또 다른 것은 존재자의 시작에서 원인으로 작용할 뿐 아니라 그 이후에도 계속하여 그 존재자를 지속시키는 근거를 살펴보는 방법입니다. 따라서 우리는 두 가지의 가능성을 가지고 있습니다. 1) 원인에서 결과 혹은 결과에서 원인을 보기. 여기서 원인은 시작점에서만 작용하고 우리는 연속되는 일련의 원인과 결과를 가집니다. 2) 결과로부터 늘 존재하는 기저 원인을 찾기. 이 경우 원인과 결과는 동시에 존재합니다. 우리는 다음 두 그림을 살펴보면서 이것을 이해할 수 있습니다.

<그림 1 도미노 시리즈>

<그림 2 빛이 지속적으로 식물에 미치는 영향>

실재와 현존하는 세상에 대한 시각은 어떤 과학 이해를 선택하느냐에 따라 달라집니다. 즉 어떤 현상을 연구하기 위해 사용하는 방법론에 따라 그 연구 결과가 달라지는 것입니다. 과학적인 접근 방법을 통해 우리는 믿음이 근거가 있고 정당한 것인지 확인할 수 있습니다. 위에서 살펴본 두 경우에서와 같이, 세상이 상위 원리에 의해 생겨났다고 보는 것과(도미노 효과), 세상이 내재적이고 기저하고 있는 근원으로부터 생겨났다고 보는 데에(빛 효과) 차이가 있음을 보게 됩니다. 세상과 그 기원에 대한 다른 이해들이 있고 그 이해들을 정당화하는 방법도 다릅니다. 첫 번째의 경우 세상은 맨 처음 제일 원리에 의해 생겨났고, 두 번째의 경우 세상은 잠재적인 근원에 의해 계속해서 생겨나고 있습니다.

3.2. 존재론적 배제

두 번째 기본적인 철학적 전제는 존재론(ontology)의 개념입니다. 존재론은 형이상학의 한 부분으로서 존재(being)의 본질을 다루고 연구합니다. 스콜라주의 시대에 존재론은 그리스 철학의 영향을 받았습니다. 일반적으로 존재론은 확실하고 지속적으로 존재하는 어떤 것의 본질을 서술합니다. 어떤 것은 있는 그대로 무엇입니다(something is what it is). 예를 들어, 개는 개이고 고양이가 아니며, 고양이는 고양이지 개가 아닙니다. 어떤 면에서 존재론은 그 무엇(something)의 변하지 않는 성질에 관해 설명합니다. 예를 들어, 개는 개로 머물지 고양이로 변하지 않습니다.

특히 헤일스의 알렉산더를 시작으로, 프란치스칸 전통에서 존재론 이해에 관한 중요한 변화들을 감지할 수가 있습니다. 이미 그리스 철학에서 존재(the being)는 어떤 것의 본질로서, 주어진 것이고 변화하지 않는

다고(static) 보았습니다. 이 개념을 많은 스콜라 학파가 받아들였습니다. 헤일스의 알렉산더와 그를 따르는 프란치스칸 학파들은 존재와 본질에 대한 새로운 이해를 소개하였습니다. 즉 존재를, 드러내고(manifesting) 성숙해 가고(maturing) 정착하고(settling) 또 생겨나는(emerging) 것으로 본 것입니다. 헤일스는 존재와 본질을 어떤 것이 되어 가는 과정이라는 관점에서 역동적으로 이해한 것입니다. 이러한 이해는 정적인(static) 존재론에서 역동적인(dynamic) 존재론으로 변화한 것입니다. 이같이 역동적인 존재론에서 예를 들어 인간은 예수 그리스도 안에서 하느님의 참된 모상으로 조금씩 닮아가는 역동적인 삶을 살아가도록 초대받습니다.

정적인 존재론이 어떤 것을 자연적 성질이나 본질과 같은 폐쇄적인 관점에서 규정하는 반면, 역동적인 존재론 이해를 통해 우리는 되어 감(becoming)의 많은 가능성을 열린 자세로 대하게 됩니다. 정적인 존재론은 무언가를 본성에 대한 폐쇄적 이해 안에서 결정하려고 하지만, 되어 감(becoming)의 역동적 존재론은 본성을 다양한 가능성과 연관 지어 이해하고, 인간은 자유롭게 그 가능성들 중 무언가를 선택할 수 있다고 봅니다. 정적인 존재론은 본성을 그 본래의 상태로 되돌리고, 역동적 존재론은 본성을 해방시켜 가능성으로 이끕니다. 예를 들어, 정적인 존재론에서 개는 지적 능력이 없는 동물이고 우리는 개를 그런 동물로 다루어야 한다고 말합니다. 반면 역동적 존재론은, 개가 지적 능력이 없는 동물이긴 하지만 잘 훈련받으면 무언가 배울 수 있다고 말합니다. 이처럼 개는 어떤 가능성에 열려 있습니다.

어떤 종류의 존재론 이해를 선택하느냐는 과학적, 철학적, 신학적 혹은 영성적 접근 방식을 결정하는 중요한 전제 조건입니다.

4. 신학적 관점

또한, 스콜라주의 시대의 다양한 학파들은 철학의 중요성과 역할에 대한 다양한 이해 속에 신학과 철학 사이에 뚜렷한 구별을 두지 않았습니다. 모든 학파는 철학적 전제들을 특별히 중요하게 여겼는데, 어떤 철학적 전제를 취하느냐에 따라서 신학의 전개 방향과 신학 자체에 대한 이해가 달라졌습니다. 결과적으로 철학적 전제들의 선택은 또한 신학의 역할에 대한 구체적인 입장을 결정지었습니다.

4.1. 신학의 이해

스콜라 신학의 특징들을 공유하면서 토마스 아퀴나스의 신학과 프란치스칸 신학이 발전하게 되는데, 아래 표는 이 두 신학 흐름의 차이점들을 보여 줍니다. 즉 왼쪽은 토마스 아퀴나스로 중심으로 스콜라주의를 잘 대변하는 신학 학파를 오른쪽은 프란치스칸 학파의 특징을 나열합니다.

스콜라 학파: 토마스 아퀴나스	프란치스칸 접근의 발전
1) 이론적이고 사변적 연구	1) 실천적 원리
2) 유비(Analogy)	2) 유비와 일의성
3) 연역적 삼단논법(수학적 정확성, 원칙들의 기하학적 모델을 바탕으로 결론에 도달)	3) 귀납적 결론(형이상학적 가능성, 경험을 바탕으로 한 존재론적 모델)
4) 관계적 속성들, 본질적 속성들	4) 본질적 속성들
5) 본질과 관련된 용어들, 정적 존재론 용어들	5) 관계적 용어들, 친족 관계의 역동적 용어들
6) 목적: 하느님을 아는 것	6) 목적: 하느님을 사랑하는 것
7) 철학적 접근의 중요성	7) 계시의 중요성

4.1.1. 이론적·실천적 원리로서의 신학

토마스에게 있어 신학은 이론적 훈련 혹은 관상적 연습입니다. 토마스는 하느님을 뵙는 것을 인간의 최종 목적이라고 보았고, 따라서 그에게 신학은 관상적인 것이었습니다. 하느님은 최고의 진리이기에, 사변적이고 이론적인 과학으로서 신학은 최고의 진리이신 하느님을 알아보려고 합니다. 사변적·이론적 과학의 목표는 진리입니다. 토마스는 삼단논법을 사용하여 신학의 성격을 규정합니다.

a) 학문이 사변적이고 이론적인지 혹은 실천적인지는 채택한 학문적인 방법론이 지향하는 최종 목표가 어떤 것이냐에 따라 결정된다.
b) 신학의 최종 목표는 저세상의 최고 진리를 보고 그 지식을 얻는 것이다.
c) 신학은 최고 진리라는 지식을 얻고자 해서 실천적 학문이라기보다는 사변적·이론적 학문이다.

토마스는 지식은 사색(speculation)을 통해 얻을 수 있다고 보았습니다. 따라서 이 진리를 얻기 위한 적절한 학문은 이론적·사변적 학문인 신학이 되는 것입니다. 신학은 주로 종교적 원리들과 가설들을 제공합니다.
대신, 프란치스칸 전통은 하느님에 대한 지식 추구를 배제하는 것은 아니지만, 신학의 또 다른 목적과 신학 과정의 중요성을 제시합니다. 헤일스의 알렉산더가 시작한 프란치스칸 전통은 신학이 많은 과학적 접근 중의 하나가 아니고 지혜의 과학이라고 여깁니다. 알렉산더 또한 삼단논법으로 이를 보여 줍니다.

a) 신학을 통해 제일원인을 인식하게 된다.
b) 신학을 통해 지혜를 맛보는 과정에서 이해가 깊어진다.
c) 신학은 우리의 이해 추구를 완성한다.

관상-수도승원 전통에 따르면, 최고의 사랑인 제일원인은 정신적으로 바라보고, 정신적으로 듣고, 정신적으로 냄새 맡으며, 마지막으로 정신적으로 맛봄으로써만 알 수 있습니다. 맛본다는 것은 경험의 한 형태로 이해되고, 맛보기와 경험은 동의어로 사용됩니다. 하느님을 알려고 하는 여정에서 마지막 목적지는 하느님과의 일치 안에서 그분의 선하심을 맛보는 정의적情意的 행동(an act of the affects)과 관련되어 있습니다. 이런 이해를 따르면, 신학은 본질적으로 실천적입니다. 신학의 목적은 신앙인을 사랑 안에서 변화시키는 것입니다. 오직 사랑 안에서 하느님을 알 수 있고, 하느님과 일치할 수 있으며, 그분의 선하심을 맛볼 수 있기 때문입니다. 실천과학으로서 신학은 우리가 어떻게 선을 사랑하고 선하게 되며 또 선을 행하면서 살 수 있는지 영감을 줍니다. 믿는 이에게 선의 실천은 신학 진리를 경험하는 것입니다. 이런 면에서 신학은 단순히 종교적 진리에 관한 과학이 아니며, 신앙 경험을 바탕으로 한 존재론적 원천이 됩니다. 신앙 실천은 신학적 주제들에 반영되며 종교적 확신을 부여합니다.

4.1.2. 유비와 일의성

신학이라는 학문에서 중요한 것 중 하나는 '하느님에 관해서 이야기할 수 있는가' 하는 것입니다. 토마스 아퀴나스는 우리는 단지 유비

(analogy)를 통해서만 하느님에 관해서 이야기할 수 있다고 주장합니다. 유비란 두 가지 어떤 것들 사이에 모양이나 성질을 비교하여 유사성을 보여 주는 것입니다. 신학의 유비 이해는, 창조주와 피조물 사이에 유사성이 발견된다고 하더라도 언제나 차별성이 훨씬 크며, 하느님과 인간 사이의 모든 유비는 부족하다는 것을 전제합니다. 그런데도, 하느님에 대하여 유비로 이야기하는 것은 비록 불완전하지만, 인간이 하느님을 상상할 기회를 주기 때문입니다.

프란치스칸 전통 또한 하느님에 관해 이야기할 때 유비적 용어들을 사용하는데, 프란치스칸들은 또한 일의성(一義性, univocity)을 가지는 용어들을 사용할 수 있다고 주장합니다. 이 주장은 특별히 요한 둔스 스코투스John Duns Scotus가 발전시켰습니다. 문제는 하느님의 절대적 초월성을 견지하면서 피조물이 제한된 지식으로부터 하느님의 신성에 관해 조금이라도 알 수 있느냐 하는 것입니다. 스코투스를 포함한 신학자들은 하느님과 피조물에 같이 적용할 수 있는 용어들이 있다고 확신했습니다. 예를 들어, 존재(being)는 비존재(nothingness 혹은 無)에 대한 반대라는 관점에서 하느님과 피조물에 똑같이 적용될 수 있다고 말합니다. 한 단어가 오직 한가지 뜻을 가지고, 존재라는 단어는 명확하게 하느님과 창조물에 사용할 수 있다는 것입니다. 존재라는 단어는 하느님의 존재를 이야기할 때와 인간의 존재에 관해 이야기할 때 같은 의미를 가집니다.

유비와 일의성의 차이에서, 단어들의 유비적 서술은 형이상학적 접근에서 신적 초월성을 보존하고, 일의적 개념은 모든 긍정적 서술에 실재성을 부여하고 일의적 단어들을 통해 우리가 하느님에 대해서 이해하고 직접적인 방식으로 이야기하는 것을 가능하게 합니다.

4.1.3. 연역과 귀납

유비적 접근과 일의적 접근에서 드러나는 차이점들은 또한 추론 과정에서도 발견됩니다. 토마스가 좀 더 연역적인 방법론을 취한다면, 프란치스칸 전통은 귀납적 결론을 주로 사용합니다. 차이점들에 대한 이해를 돕기 위해 몇 가지 예를 들어 보겠습니다.

여기, 연역적 방법의 예가 있습니다.

모든 자동차에는 바퀴가 있습니다.
나는 자동차를 가지고 있습니다.
그러므로 나의 자동차에는 바퀴가 있습니다.

이론적 가설의 시작에 대전제가 있습니다.

모든 자동차에는 바퀴가 있습니다.

그리고 소전제가 있습니다.

나는 자동차를 가지고 있습니다.

그리고 결론을 내립니다.

나의 자동차에는 바퀴가 있습니다.

결론은 수학적으로 정확하며, 다른 결론의 가능성은 없습니다.

한편, 귀납적 추론은 '인과론적 추론' 또는 '밑에서부터 위로의 추론'을 사용합니다.

여기서는 경험에서 나온 대전제로 시작합니다.

내가 미국에서 본 모든 토네이도는 반시계방향으로 회전했습니다. 그리고 나는 수십 개의 토네이도를 보았습니다.

그리고 현실과 관련된 소전제가 있습니다.

저기 멀리 토네이도가 보입니다. 그리고 우리는 미국에 있습니다.

마지막으로 우리는 가정적인 결론에 도달합니다. 경험과 현실에 바탕을 두고, 우리가 지금 보고 있는 토네이도는 반시계방향으로 회전하고 있다고 결론 내릴 수 있습니다. 그렇지만 여전히 토네이도가 시계 방향으로 회전하고 있을 가능성도 있습니다.

전제들은 결론을 뒷받침하지만, 그 결론은 다른 가능성을 배제할 수 없습니다.

두 방법의 차이는 분명하며 결정적으로 다른 신학적 결과를 도출합니다. 연역적 방법은 좀 더 정확하고, 거의 수학적이며, 교의적인 명제에 이르며 그럴 수밖에 없습니다. 귀납적 방법은 개연성을 가지는 결론에 이르지만 여전히 다른 결론의 가능성도 가지고 있습니다. 귀납적 방법은 경험과 더 관련이 있고, 현실을 살펴보며, 정확한 명제를 도출하기에는 인간 능력에 한계가 있음을 고려합니다. 따라서 다른 가능성이 있음을 수긍하고 자유를 존중합니다.

4.1.4. 관계적 속성과 본질적 속성

신학의 목적은 하느님에 대해서 그리고 하느님과 창조와의 관계에 관해서 이야기하는 것입니다. 이러한 신학적 담론은 하느님이 누구이신지, 창조는 무엇인지에 대한 이해를 심화시키는 데 도움이 되고, 무한성, 전능, 전지와 같은 속성들을 가지고 신학적 담론을 진행하게 합니다. 토미즘에서 하느님과 창조의 비교는 대조적으로 표현됩니다. 예를 들어, 하느님은 무한하시고, 창조는 유한합니다. 하느님의 무한성과 비교해서 창조는 유한합니다. 이러한 접근은 유한에 대한 반대인 무한과 같이 상반되는 특성들을 통해 관계를 제시합니다. 따라서 신학적 담론은 상반되는 특징들로 이루어지게 됩니다.

이에 관해 프란치스칸 전통은 다른 관점을 선택해 왔습니다. 즉 관계성을 바탕으로 하기보다는 본질적인 특성들을 통해 하느님과 피조물을 이해하는 것입니다. 예를 들어 무한과 유한은 속성들이 아니라 존재에 관한 특징들이라는 것입니다. 하느님도 존재하고 피조물도 존재합니다. 피조물은 유한하게 존재하고 하느님은 무한하게 존재합니다. 하느님과 피조물은 존재한다는 것에서 공통됩니다. 단지 하느님에게 존재는 무한하나 피조물에게 존재는 유한한 것입니다. 하느님과 피조물 모두 존재라는 특성을 공유하고 있습니다. 하느님은 그 공통된 성질을 더 강하고 무한하게 가지고 있는 반면, 피조물은 이 성질을 덜 강하고 유한하게 가지고 있는 것입니다. 이 관점에 따른 신학적 접근 방식은 하느님과 피조물 사이에 존재라는 공통된 어떤 것을 가지고 있다는 것에서 출발합니다.

관계적 속성들을 바탕으로 한 신학적 설명은 상반되는 특성들을 중심으로 하고, 본질적 특성들에 바탕을 둔 신학적 설명은 공통되지만 그 강도에서 다른 특징을 강조하게 됩니다. 전자, 즉 관계적 속성을 통한 설명은 차별화 즉 하느님과 피조물 사이의 간극을 강조하는 반면, 후자, 본질적 특성을 통한 설명은 일치의 신학적 개념과 하느님과 피조물 사이의 친교로 나아갈 가능성을 열어 두며, 하느님과 피조물 사이의 차이점을 존중하게도 합니다.

4.1.5. 본질의 용어와 관계의 용어

신학은 존재를 연구할 때 고유한 용어들을 사용합니다. 또한, 신학에서 용어의 선택은 단순히 단어들을 사용하고 나열하는 것 이상을 의미합니다. 용어 선택을 통해 기초를 이루는 관념과 비전을 나타냅니다. 그래서 용어의 선택은 어떠한 신학적 개념을 설명하는데 아주 중요합니다. 토마스를 포함한 대부분의 스콜라 학파는 본질과 관련된 용어들을 사용합니다. 이 용어들은 어떤 것의 성격을 규정하는 내재적이고 필수적인 성질을 표현합니다. 본질에 관한 서술은 어떤 것이 존재하도록 하고 그것 자체이게 하는 고유한 성질 혹은 여러 성질을 포함합니다. 따라서 변하지 않는 본질에 관한 용어들을 사용합니다. 이런 언어를 사용하는 신학적 접근은 좀 더 정적인 세계관과 불변하는 종교적 교리를 제시하게 됩니다.

프란치스칸 전통은 주로 교부들의 전통들을 따릅니다. 본질과 관련된 토론과 적절한 용어 사용을 무시하지 않으면서도, 프란치스칸 저자들은 어떤 것의 존재를 관계 안에서 설명하려고 합니다. 어떤 것은 그것이 다른 것과 가지는 관계 때문에 그것이 됩니다. 존재의 특성은 그 존재가 맺는 관계들이기에 프란치스칸들은 관계와 관련된 용어들을 사용합니다. 어떤 것도 그것 자체로 인식되지 않습니다. 모든 것은 관계에 의해서 관계 안에서 주어집니다. 관계는 정적이지 않고 역동적이며 프란치스칸들은 혈연관계 용어들을 건설적인 방법으로 사용합니다. 이러한 용어들은 역동적인 세상이 독립적이면서 동시에 관계성 안에 있다는 이해를 도와 줍니다. 또한, 종교적 교의는 깊은 친교의 관계성을 드러내기 위해 역동적인 혈연관계 표현을 사용합니다.

4.1.6. 하느님을 아는 것과 사랑하는 것

다른 여느 학문처럼, 신학이 추구하는 고유한 목적이 있습니다. 모든 신학 학파의 목적은 하느님을 발견하는 것이지만, 각각의 학파는 하느님을 찾아가는 방법이 다를 뿐만 아니라 그 목표에 대해서도 다른 이해를 하고 있습니다. 한편으로 하느님을 아는 것(knowing God)을 신학의 목적으로 삼을 수 있습니다. 인간의 능력으로는 하느님을 알 수 없기에, 우리는 계시(revelation)가 필요합니다. 하느님의 자기 계시를 통해 인간은 비로소 그분에 대해서 알 수 있습니다.

프란치스칸 학파는 계시를 통해 하느님을 아는 것을 최고의 목적으로 보지 않습니다. 안다는 것(knowing)은 인간 실존의 중요한 한 측면을 충족하는 것이지만, 인간 본성과 창조 안에서 관계적 존재인 인간 존재 전체를 완성하는 것은 아닙니다. 신학의 목적은 하느님을 알 수 있다는 가능성을 넘어 하느님을 사랑하고 그분과의 친교를 경험하는 것입니다. 사랑과 친교라는 이 목적을 달성하기 위해서는 자기 계시를 넘어서 하느님께서 신적 사랑을 먼저 베풀고 그 사랑이 자기를 내어 주는 친교 안에서 완성되어야 하며, 이것은 하느님의 삼위일체 본성에 해당합니다.

4.1.7. 철학적 근거와 계시의 근거

대부분의 스콜라 학파는 철학적 방법론을 도입하였고 그것들이 신학이라는 학문에서 점점 더 중요해졌습니다. 프란치스칸 저자들 또한 신학 논의를 명확히 하기 위해 철학적 방법론을 사용하였지만, 여전히 신학의 주요 근거는 계시에 있다고 믿었습니다.

프란치스칸 학파들은 이해와 행동과 같은 인간이 본래 가진 능력과 철학의 역할을 점진적으로 계시 신학에 통합해 갔습니다. 창조 때에 인간은 이미 세상의 피조물들을 이해할 수 있는 자연적 능력을 부여받았습니다. 더불어 인간은 자연 세계를 통하여 초자연적인 것을 이해할 수 있는 선물도 받았습니다. 인간은 초자연적인 것들을 이해할 수 있는 능력을 부여받았지만, 그것은 여전히 제한적인 능력입니다. 그렇다 하더라도 죄조차 이 능력을 제거하지는 못했고, 단지 약화시켰을 뿐입니다. 이 능력 때문에 인간은 자연스럽게 삼위일체이신 하느님 안에서 계시되는 초자연적인 것들에 이끌리게 됩니다. 인간은 인간의 타고난 지적 능력으로 철학적 방법론의 도움을 받아 초자연적인 것들을 이해하게 합니다. 하지만 하느님에 대해 더 알기 위해서는 계시가 필요합니다. 그리고 피조물인 인간에게 자신을 드러내기 원하시는 하느님께서는 당신의 자유 의지로 이 계시를 주십니다.

예를 들어, 요한 둔스 스코투스는 인간의 신학이 하느님에 관해서 이야기할 가능성을 설명하면서 먼저 하느님의 자유롭고 의지적인 계시에 관해서 이야기합니다. 인간이 초자연적인 것들을 깊이 이해하기 위해서는 계시가 필요합니다. 스코투스는 하느님께서 인간이 자신의 고유한 자연적 이끌림을 따라서 초자연적인 것에 이를 수 있도록 모든 것을 자유롭고 의지적으로 계시하셨다고 확신합니다. 초자연성은 하느님 안에 있는 것입니다. 이처럼 필수적인 계시는 긍정적으로 표현됩니다. 하느님께서는 인간이 자신을 알아보도록 필요한 것을 계시하셨습니다. 그렇지만 하느님께서는 인간의 우유성(human contingency)과 능력에 따라 당신을 부분적으로 드러내셨습니다.

교회는 이 계시를 전달합니다. 계시는 성경에서 찾을 수 있는데, 이 성경은 언제나 교회와 신학의 기초입니다. 성경은 교회의 전통으로 풍요로워지며 교회는 성경과 전통에 충실해야 합니다. 프란치스칸 전통은 이제 역동적인 비전을 제시합니다. 성경은 실제적인 의미를 발견하기 위해서 늘 역사와 문화적 맥락 안에서 새롭게 해석되어야 한다는 것입니다. 예를 들어 스코투스는 계시의 참된 의미는 지금까지는 알려지지 않은 새로운 관점을 통해 더 깊고 명확하게 드러난다고 보았습니다. 하느님께서는 예수 그리스도 안에서 드러난 충만한 계시를 성령의 영감으로 더욱 깊게 함으로써 당신을 드러내십니다. 이처럼 역사적 현실 안에서 계시의 이해를 계속해서 심화시키기 위해서는 계시를 문화와 사회 안에서 해석하는 것이 필요한데, 교회는 계시를 역사와 지역 사회의 현실 안에서 새로이 해석하고, 또 이를 지지해 왔습니다.

이런 맥락에서 프란치스칸 전통에서 이해하는 신학의 사명은 늘 계시를 사람들이 이해할 수 있도록 새로이 해석하는 것입니다. 신학에 주어진 도전은 하느님의 자기 계시를 어떻게 창조와 인간 삶의 현실에 비추어 이야기하느냐 입니다.

4.2. 신관

신학에서 신관은 무엇보다도 중요하며 신학의 중심에 있다고 볼 수 있습니다. 신학에서 중심적 역할을 하는 신관에서도 토마스 아퀴나스와 프란치스칸 전통 사이에 차이점을 발견할 수 있습니다. 다음의 표는 이 두 전통의 특징들을 보여 줍니다.

스콜라 학파: 토마스 아퀴나스	프란치스칸 접근의 발전
● 신의 본성을 초월적이고 독립적인 것으로 보는 신학	● 하느님의 공현 신학
● 신의 일성	● 신의 삼위일체성 중심
● 제일원인	● 최고선
● 순수현실유	● 제일성과 다산성
● 삼위일체의 내재적 신학 중심	● 삼위일체의 구원 경륜 신학을 중심으로 삼위일체의 내재적 신학 통합
● 장대함과 완전함	● 관대함
● 대응으로서의 육화	● 신적 계획에 따른 육화

하느님을 어떻게 이해하느냐는 아주 중요한 문제입니다. 교부 시대 이후로 신학의 하느님 이해에는 여러 접근 방식들이 있었습니다. 이 전통들은 스콜라 시대에 발전한 두 가지 신학의 주류로 통합되었습니다. 그중 한 신학 전통은 토미즘에 더 많은 영향을 주고, 또 다른 한 신학 흐름은 프란치스칸 전통이 발전하는 데 큰 영향을 미쳤습니다.

4.2.1. 초월 신학과 공현 신학

철학적·신학적 성찰은 크게 두 가지 틀 안에서 이루어집니다. 토미즘에 영향을 준 흐름은 하느님의 본성이 초월적이고 독립적이라는 신학적 이해를 발전시켰습니다. 하느님에 대한 담론은 형이상학에서 시작합니다. 하느님은 절대적 초월 안에 머무시는 분으로 그분이 누구이신지 아는 것은 불가능합니다. 우리는 인과 관계(causality), 탁월한 긍정(excellence)과 부정(negation)을 통해 하느님에 대한 유비적 지식을 얻을 수 있을 뿐입니다. 그리고 이러한 신학 흐름의 중심에 부정 신학(apophatic theology)이 있습니다. 부정 신학은 부정(negation)을 통해 하느님을 묘사하는데, 하느님께서 어떤 속성이나 특징을 가지고 있지 않다는 부정적 진술을 통해 하느님을 이해하거나 묘사합니다. 이러한 부정 신학은 하느님께서는 시간과 공간에 메이지 않는다는 사실에 기반합니다.

대부분의 프란치스칸 저자가 주로 취하는 철학적·신학적 틀은 공현 신학(Theolog of Epiphany)의 특징을 가집니다. 이 전통의 대표적인 학자들은 하느님과 관련된 용어들이 철학적 형이상학과는 다른 구조 및 경험들과 연관되어 있다고 생각합니다. 이 신학은 초월적인 하느님께서 자신을 드러내신다고 이해합니다. 하느님께서 자신을 드러내신다는 그 사실을 바탕으로 우리는 그분이 누구신지 고찰할 수 있게 됩니다. 이러한 이해는 신학자들이 부정 대신에 하느님을 이해하고 묘사하는데 긍정적인 접근 방식을 취하도록 합니다. 하느님은 절대적으로 초월이실 뿐만 아니라 동시에 그분의 드러내심을 통해 알 수 있는 분이기도 합니다. 이러한 신학적 접근 방식은 오늘날 우리가 철학에서 현상학적 관점이라고 부르는 것에 가깝습니다. 초월적 하느님은 그분 신비의 현현 안에 머무시므로 그분의 신비를 통해서 하느님에 대한 얼마간의 지식을 얻을 수 있습니다.

4.2.2. 일성과 삼위일체성

하느님의 본성을 초월적이고 독립적인 것으로 보는 신학의 틀 안에서 하느님을 이해할 때, 우리는 주로 하느님의 일성(Oneness of God)을 고려하게 됩니다. 토마스는 하느님의 삼위일체 면모를 고려하기 전에 우선 신성의 일성에 관심을 집중합니다. 하느님께는 존재(being)와 본질(essence)의 구별이 없으므로, 하느님의 단순성을 신성의 중심으로 간주합니다. 이런 신학적 접근은 일성 안에 있는 하느님의 불변성에 초점을 맞추게 됩니다. 또한, 하느님의 불변성 강조는 하느님에 대한 정적인 인식으로 발전하고, 하느님 일성 교리는 수학에서 숫자 일의 의미와 함께 설명됩니다.

공현 신학의 틀 안에서 하느님을 이해하고 그분 현현顯現의 현상과 신비를 살펴보기 위해서는 삼위이신 하느님의 계시를 살펴보아야 합니다. 삼위일체 신학은 하느님에 관한 교리를 다룹니다. 삼위이신 하느님의 현현에 대한 묵상은 또한 하느님의 일성에 대해서 고찰하게 합니다. 그렇지만 여기서 하느님의 일성은 수학에서 숫자 1이 가지는 의미와 연관하여 고찰하는 것이 아니라 삼위이신 하느님의 가장 완전한 일치와 관계성을 드러낸다는 의미에서 고찰합니다. 이 삼위의 일치는 가장 완전한 통교로서 상호내재(perichoresis, 페리코레시스)의 형태를 가집니다. 이런 이해는 상호내재 안에서 하나인 삼위의 역동적인 관계와 복수성에 집중하도록 하며, 하느님은 삼위일체의 친교 안에서 당신을 드러내시기에 친교의 교리를 강조하게 됩니다.

4.2.3. 제일원인과 최고선

하느님의 일성에 초점을 맞추면 하느님을 모든 것의 유일한 제일원인으로 이해하게 됩니다. 하느님은 '존재' 자체이기 때문에, 하느님은 모든 존재의 원인이 됩니다. 모든 존재하는 것은 존재 자체이며 존재의 근원인 '존재'로부터 존재를 받아야 합니다. 모든 존재의 원인인 이 '존재'는 다른 원인을 가져서는 안 됩니다. 이 원인은 첫 존재 그 자체이며, 이 존재는 곧 하느님입니다. 아리스토텔레스 철학에서 신은 그 자신 원인 되지 않은 제일원인(the first uncaused cause) 즉 근원적 원인이며, 또한 그 자체 움직이지 않는 제일원동자(the first or unmoved mover)로서 모든 것은 이 제일 원동자가 움직이게 한다고 주장합니다.

삼위일체의 공현에 초점을 맞추면 하느님은 최고선으로 드러납니다. 프란치스칸 전통의 대표적 인물인 보나벤투라는 그의 영성 저술인 『하느님께 나아가는 정신의 여정』 6장 2에서 이를 분명하게 밝히고 있습니다.[3]

최고로 좋은 것은 단순하게 말해서 그것보다 더 좋은 것이 있다고는 생각할 수 없다는 것을 주의 깊게 보아라. 그것은 존재하지 않는다고 생각할 수 없다는 것을 보아라. 왜냐하면 절대적인 의미에서 존재가 비존

---

[3] 보나벤투라의 『하느님께 나아가는 정신의 여정』 한국어 번역은 아래 책자에서 인용합니다. 박장원 옮김, 「하느님께 나아가는 정신의 여정」, 『프란치스칸 삶과 사상』, 41호(2014 봄), 67-68.

재보다 더 좋기 때문이다. 그것이 셋이면서 하나가 아니면 옳게 생각한 것이 아니다. 사실, '선은 그 자체로 확산적'이라면, 최고선은 최고로 자기를 확산하는 것이다. 최고 확산성은 그 존재가 '현재적, 내재적, 실체적, 위격적, 자연적, 의지적, 자유적, 필연적, 부족함이 없고, 완전한 존재'이지 않으면 안 된다.

그렇다면, 만일 최고선 안에 어떤 영원한 산출, 즉 현실적이며 동일 실체적인 산출이 없다면, 동등한 품격을 지닌 어떤 위격이 없다면, 마치 출산의 방식과 기출의 방식으로 산출하는 분 안에 일어나는 것 같이, 즉 영원으로부터 공동 시작인 영원한 원리의 특징으로서, 사랑받으시는 분과 양쪽으로부터 사랑받으시는 분, 산출되신 분과 기출되신 분, 다시 말해서 '성부, 성자, 성령'이 없다면, 그것은 최고 확산적이지 않기에 최고선이라고 말할 수 없을 것이다.

그런데 '피조물' 안에서 확인되는 확산성은 영원한 선의 광대함에 비교할 때 하나의 중앙이나 점에 불과할 뿐이다. 그러므로 그것보다 더 큰 확산을 항상 생각하게 되는데, 그것은 바로 자기의 실체 전부와 본성 일체를 남김없이 모두 전달하는 확산이다. 현실적으로나 개념적으로나 뭔가 부족하다면 그것은 최고선이 아닐 것이다.

이제 그대는 정신의 눈으로 선의 순수함을 직관하고, 그 원리의 순수 현실, 즉 '은혜로 주는' 사랑과 '당연히 받는' 사랑으로 사랑하시고, 두 사랑의 혼합된 사랑으로 사랑하시는 그 원리의 순수 현실을 동시에 직관한다면(이것이 바로 '말씀'의 고유한 '자연'의 방식과 '의지'의 방식 안에서 이루어지는 지극히 충만한 확산성이며, 이 말씀 안에서 만물이 일컬어져 나온다. 또 '선물'의 방식에서도 마찬가지인데, 그 안에 모든 선물이 담겨 있다), 선의 최고 '교류'로 '삼위일체 하느님, 즉 성부와 성자와 성령'이 필연적으로 존재한 다는 것을 이해하게 될 것이다.

이 삼위 안에 '교류'가 있고, 최고 '교류'로 말미암아 최고 동일 실체성이 나온다는 것이 필연적이다. 최고 동일 실체성으로 말미암아 최고 '동형성'이 있어야 하고, 거기에서부터 최고 '동일 동등성'이 있어야 하고, 당연히 최고 '동일 영원성'이 있어야 한다. 이 모든 것으로부터 최고 '동일 친밀성'이 있어야 하고, 당연히 한 위격은 다른 위격 안에 있는, 이른바 '상호 내재성'이 있어야 한다. 그래서 한 위격이 다른 위격과 함께 활동하지만, 삼위일체 하느님은 본체와 능력과 행동에 있어서 절대적으로 분리되지 않는다.

따라서, 삼위일체이신 하느님에 대한 이해는 최고선이신 하느님 이해로 이어집니다.

4.2.4. 순수현실유와 다산성 안에서 제일성

제일원인이며 부동의 원동자인 한 분이신 하느님은 존재 자체여야 합니다. 존재는 하느님의 본질이며, 하느님 안에서 존재와 본질의 동일함은 순수현실유(純粹現實有, actus purus)로 간주합니다.[4]

한편, 하느님을 최고의 선으로 이해하는 것은 다른 신학적 사유 결과를 창출합니다.이러한 하느님 이해는 하느님을 제일성(第一性, primitas 혹은 firstness)과 다산성(多産性, fecunditas 혹은 fecundity)으로 묵상하게 합니다. 하느님은 존재의 원천이십니다. 신적 존재는 본질적으로 존재의 원천입

---

4   신에게는 가능성은 없으며, 본질과 실존이 완전히 동일하다는 의미이다.

니다. 존재의 원천으로서 하느님은 모든 존재에 앞선 첫 번째 존재입니다. 또한 모든 존재자는 하느님의 본질이 다산성이기 때문에 존재하게 됩니다. 다산성은 하느님 존재 제일성의 본질적인 특성입니다.

4.2.5. 내재 신학과 구원 경륜 신학

아리스토텔레스 철학에 따라 토마스는 자연 이성(natural rationality)을 통해 하느님에 대한 담론을 시작할 수 있다고 보았습니다. 그는 자연 이성으로 인간은 하느님의 본질인 일성에 대한 지식에 다다를 수 있지만 성삼위의 위격적 구분에는 도달할 수 없다고 보았습니다. 이런 아리스토텔레스적 구조 안에서 토마스는 자신의 신학적 성찰에서 제일원인으로서 하느님의 일성에 일차적으로 집중했고, 삼위일체는 그다음으로 성찰했습니다. 결과적으로 토마스는 삼위일체의 내재적 신학(the immanent theology of Trinity)을 우선시하게 됩니다. 그의 삼위일체 관계 성찰은 각 위격의 속성을 살펴보면서 세 위격의 공통성에 집중했습니다. 토마스는 그 공통성을 신성이라고 보았고, 이 공통성은 각각의 위격 모두의 속성이며 하느님의 일성을 이루게 됩니다.

교부들의 전통 특히 동방 교부들의 전통으로부터 좀 더 많은 영향을 받은 프란치스칸들은 계시에 초점을 맞추게 되는데, 이 계시는 자연 이성(natural rationality)과 정의적 지혜(affective wisdom)를 통해 알 수 있고 해석할 수 있다고 보았습니다. 계시는 신적 위격들과 구원 경륜(God's economy of salvation)에서 각 위격들의 고유한 역할을 드러냅니다. 한 분이신 하느님은 자신을 고유한 신적 현현들 안에서 성부, 성자, 성령으로 드러내십니다. 이 성삼위의 계시는 그리스도교 신앙의 내용입니다. 한 분이신 하느님에 대한 믿음은 유다교와 이슬람과 같은 다른 종교들도 공유하지만, 삼위일체 신앙은 그리스도교의 고유한 신조입니다. 삼위일체에 대한 신학적 성찰은 성부, 성자, 성령 사이의 내적 역동성에 대한 성찰과 삼위일체이신 하느님의 창조와 역사 참여에 대한 성찰로 구분됩니다. 전자는 내재적 삼위일체로, 후자는 구원 경륜 신학(the economic theology of Trinity)으로 불리며,[5] 프란치스칸 저자들은 후자를 선호했습니다. 하지만, 삼위일체 신학을 완성하기 위해서는 삼위일체의 내재 신학과 삼위일체의 구원 경륜 신학(the economic theology of Trinity)이 통합되어야 합니다.

4.2.6. 완전함과 관대함

하느님을 일성의 관점에서 보느냐 삼위일체 신학의 관점에서 보느냐는 하느님에 대한 다른 성찰들에도 영향을 줍니다.

일성의 관점에서 토마스와 다른 스콜라 학자들은 하느님의 주요 속성을 완벽함이나 장엄함(being magnificent)으로 보았습니다. 완벽함과 장엄함은 또한 선함, 진리, 아름다움 등의 원천으로 간주했습니다. 하느님은 완전한 선, 완전하고 변하지 않는 진리, 완전하고 눈부신 아름다움이십니다. 선함, 진리, 아름다움 등은 초월적 범주들인데, 하느님은 이 모든 것의 완전하고 장엄한 원천이고 또 이 모든 것을 포용하기 때문입니다.

---

5 참조(역자주): "교부들은 신학(Theologia)과 경륜(Oikonomia)을 구별해서, 앞의 용어로는 삼위일체 하느님의 내적인 생명의 신비를, 뒤의 용어로는 하느님께서 당신을 계시하시고 당신의 생명을 주시는 모든 업적을 가리켰다." ―『가톨릭 교회 교리서』 236.

이처럼 초월적 완전함을 중심으로 한 하느님 이해는 종교 생활에서 완전함 추구로 이어집니다.

삼위일체 신학에 집중했던 프란치스칸 전통은 관대함(liberality)을 하느님의 기본적인 속성으로 보았습니다. 성령 안에서 성부와 성자 사이에 이루어지는 남김없이 서로를 내어 주는 사랑의 관대함은 하느님의 본질이며 이는 내재적 삼위일체 신학에서 바라본 하느님의 관대함입니다. 하느님은 조건 없이 내어 주시며, 이 관대함 때문에 그분은 탁월하십니다. 한편 경륜적 삼위일체 신학에서 볼 때 하느님의 관대함은 구세 역사에서 보여 주신 당신의 행동으로 드러납니다. 관대함은 하느님의 존재와 행동의 양상입니다. 이처럼 하느님을 관대함이라는 관점에서 이해하게 될 때, 종교 생활에서는 관대함, 자선, 그리고 관용이 중요해집니다.

4.2.7. 육화의 다른 해석

여러 신학 전통들이 어떻게 신학적 성찰과 교리 형성에 결정적인 역할을 하는지 그 예를 육화(Incarnation)의 해석에서 볼 수 있습니다.

일반적인 스콜라 신학과 토미즘 신학에서는 구속 신학(theology of redemption)을 강조합니다. 구속 신학은 하느님의 육화를 하느님의 완벽함에서 멀어진 악하고 무질서한 것을 제거하기 위한 것으로 이해합니다. 즉 육화는 하느님께서 원래 선물하셨던 완벽한 질서를 재확립하고 죄를 구속하는 데 필요하다는 것입니다. 여기서 육화는 인간의 죄에 대한 하느님의 대응으로 이해됩니다.

반면에 교부들의 하느님 구원 경륜 신학의 관점에서 출발할 때, 육화는 신적 관대함으로 하느님께서 주도하시는 지극한 구원 행위로 이해되며, 이는 충만한 사랑으로 자신을 계시하시고 창조에서 자신을 드러내신 하느님의 모습과 일치합니다. 이 경우, 육화는 인간의 타락에 대한 하느님의 대응이 아니라 오히려 인간의 구원을 하느님께서 이미 계획하시고 시작하셨음을 분명하게 보여 주는 것이라고 이해할 수 있습니다. 육화는 하느님의 구원 계획이 충만하고 인간의 죄조차 그 계획을 방해하지 않음을 확실히 보여 주는 것입니다. 육화는 하느님 관대함의 표현입니다.

5. 인간학적 틀

신관은 또한 신학적 논의에서 인간관에 연결되며, 신학적 인간학에서 다른 이해 접근을 발견할 수 있습니다. 그 특징은 다음과 같습니다.

스콜라 학파: 토마스 아퀴나스	프란치스칸 접근의 발전
1) 인과 관계	1) 의지 관계
2) 참여의 형이상학	2) 우유적 질서
3) 자연의 단계 이론	3) 자연의 완성 이론
4) 본질과 실존의 구분	4) 이것성
5) 본성에 바탕을 둔 정체성	5) 개체에 바탕을 둔 정체성
6) 이성의 힘과 인지 활동	6) 조명과 직관적 인지
7) 알기	7) 사랑하기

교회의 교부들이 주로 창조, 구속, 종말론 등 구세사와 하느님 구원

경륜의 관점에서 하느님에 대한 성찰을 해 나갔다면, 후대 대부분의 스콜라 학파의 하느님 성찰은 추상적이거나 이론적으로 시작합니다. 이 학파들은 하느님과 창조, 하느님과 역사의 관계를 부차적인 것으로 여깁니다. 교부들은 하느님에 관한 교리와 창조와 역사에서 그분의 현존과 활동하심을 같이 이야기하는 반면, 후대 스콜라 학파들은 하느님에 관한 담론과 하느님의 창조와 역사와의 관계를 분리하는 경향이 있습니다. 이같이 다른 접근법은 특히 인간학 분야에서 두드러집니다. 프란치스칸 학자들이 여전히 교부들의 전통에 가까운 만큼, 프란치스칸 전통은 하느님에 관한 가르침과 그분 구원 경륜의 일관성을 강조하며, 이런 일관성이 인간학에서도 드러나게 됩니다.

5.1. 인간 존재론

5.1.1. 인과 관계와 의지 관계

'이성적 동물'이라고 불리는 인간은 다른 피조물들과 아주 밀접한 관계에 있습니다. 다른 모든 피조물과 인간은 같은 창조의 원리를 공유하는데, 지금까지 살펴본 신학적 흐름 안에서, 창조를 이해하는 두 가지 다른 원리들을 발견할 수 있습니다.

한편으로 '인과 관계(causal-relation)' 원리가 있고, 다른 한편으로 '의지 관계(will-relation)' 원리가 있습니다. 토마스가 선호했던 '인과 관계' 원리는 아리스토텔레스 철학에 바탕을 둡니다. 인과 관계는 원인과 결과의 관계입니다. 인과 관계라는 철학 개념은 모든 개개의 '원인과 결과'들을 통틀어 말합니다. 인과 관계는 항상 원인과 결과 사이에 일종의 의존 관계를 내포하는데, 어떤 것이든 원인에 의하지 않고서는 일어날

수 없다는 원리에 바탕을 두고 있습니다. 이러한 인과 관계는 창조를 기술적이고 수학적이며 측정할 수 있는 것으로 이해합니다.

'의지 관계'는 프란치스칸 학자들이 선호한 원리로서, 모든 것의 원인은 창조주이신 하느님의 자유 의지 안에 있다고 봅니다. 즉 모든 피조물은 하느님의 자유 의지에 의해 의도되는 것으로, 인간 또한 하느님의 자유 의지가 원한 것입니다. 창조는 창조되는 것을 원하는 창조주 하느님의 자유 의지의 표현으로 이해할 수 있습니다. 이러한 '의지 관계' 원리는 창조를 인격적이고 실존적으로 이해합니다.

5.1.2. 참여의 형이상학과 우유적 질서

스콜라주의의 창조 원리인 '인과 관계'는 또한 참여의 형이상학(metaphysics of participation)과도 연관되어 있습니다. 결과는 전적으로 그 원인에 의해 결정되며 원인 없이 있을 수 없습니다. 이 원리에 따르면, 창조물은 그 존재 안에 주어진 것을 원인인 창조주와 공유하기 때문에 존재하게 됩니다. 모든 것은 창조의 행위를 통해 창조주로부터 생겨납니다. 창조된 모든 것은 창조주가 자신의 존재에 일종의 참여를 허락하기 때문에 생겨납니다. 이런 의미에서 창조는 참여를 허락하는 것입니다. 여기서 토마스는 신적 존재와 하느님에 기반한 존재(ens comune)를 구분합니다. 모든 피조물은 하느님에 기초를 두는 이 존재에 참여합니다. 이 원리에 따르면 인간 존재 역시 제일원인인 하느님에 근거하고 있으며, 이는 인간이 신적 존재에 참여한다는 것을 의미합니다.

한편, '의지 관계' 원리는 우유적 질서(contingent order)라는 다른 개념을 창출합니다. 모든 피조물은 하느님의 자유 의지에 따른 결정으로 존재하기 때문에 어떠한 피조물도 그 존재가 필연적이지 않습니다. 존재가 필연적이지 않다는 것은 우유적 질서를 의미합니다. 우유적(contingent)이라는 단어가 가지는 중요한 의미는 어떤 것은 창조되었지만 필연적인 존재는 아니라는 것입니다. 모든 피조물은 필연적이지 않기 때문에 창조는 우유적 질서로서 필연적이지 않고 자유롭게 의도된 질서라고 봅니다. 이 우유적 질서라는 개념이 가지는 의미는 하느님의 자유로운 의도에 의해 생겨난 어떤 것은 하느님과 똑같은 존재, 즉 필연적 존재가 아니라는 것입니다.

이러한 이해는 인간 존재 이해에도 큰 영향을 미칩니다. 인간 존재는 하느님께서 자유롭게 원하신 것이지만 우유적 질서의 일부로서 필연적이지 않으며 하느님께서는 인간 고유의 속성을 부여하셨습니다. 인간 존재는 그 속성에서 하느님과 어느 것도 직접 공유하지 않고 단지 창조주이신 하느님과 자유롭게 관계를 맺을 수 있습니다. 하느님은 인간이 창조물이니 자동적으로 하느님과 관계를 맺는 존재로 창조하지는 않으셨습니다. '의지 관계' 원리와 우연적 질서 개념은 하느님의 절대 자유를 제시하고 인간 존재에 자유의 여지를 남겨 둡니다.

5.1.3. 자연에 대한 단계(steps) 이론과 완성(terminus) 이론

'인과 관계' 원리는 아리스토텔레스의 형상과 진료의 변증법을 이용하며 자연의 사다리(scala naturae), 즉 자연의 각 단계들을 제시합니다. 이 사다리, 혹은 계단은 식물에서 시작해서 동물을 거쳐 마지막으로 완성 단계인 인간에 이르는 일련의 단계들을 말합니다. 각 단계는 미발달의 시작점에서 완성의 마지막 상태로 이루어져 있습니다. 즉, 식물은 미발달들의 시작 단계에서 발달하여 좀 더 완성된 식물 상태에 이르게 되는 것입니다. 또한, 동물은 미발달의 시작 단계에서 발달하여 완성된 동물 상태에 이르게 됩니다. 하지만 식물과 동물은 이어지는 발달 단계를 가지지 않고 식물과 동물은 인간과 이어지지 않습니다. 토마스도 이런 자연 이해를 했는데, 현대 과학과 일치하지는 않습니다.

한편, 프란치스칸 접근법, 특히 스코투스는 다른 창조 모델을 제시합니다. 프란치스칸 모델 또한 자연에서 단계를 구분하고 각각의 단계에서 완성의 상태가 있음을 말합니다. 스코투스는 식물-화학 단계에서 시작하여 좀 더 완벽한 식물로 발전해 간다고 보았습니다. 스코투스는 식물의 완전한 단계를 테르미누스terminus라고 불렀는데, 이는 동물 발달의 시작점이며, 동물 발달은 인간이라는 테르미누스에서 끝난다고 보았습니다. 창조에서 모든 단계의 완성은 다음 단계의 시작점이 되는 것입니다. 이처럼 가장 원시적인 자연의 단계에서 인간에 이르기까지 연속성이 있습니다. 자연의 각 단계는 완성을 향해 발달하면서 다음 단계의 시작에 이르게 됩니다. 이 모델은 창조 행위를 완성과 충만을 위해 진보하고 계속해서 이어지는 발전으로 이해합니다.

5.1.4. 본질의 구분(essence distinction)과 이것성(thisness)

인간학적 질문에서 인간의 실존(existence)과 관련하여 가장 근본적인 개체(entity)의 의미를 분명히 이해할 필요가 있습니다. 스콜라 학파들은 보통 실존을 모든 존재 양식에 공통된 존재 양식, 즉 살아있음, 혹은 객관적 실재를 가지고 있다는 사실 혹은 상태라고 간주합니다. 실존의 정의로부터 스콜라 학자들은 실존하는 것의 본질(essence)을 구별합니다. 본질은 어떤 것의 내재된 본성 혹은 필수적인 성질로서 그것의 성질(character)을 결정합니다. 실존과 본질 사이에 일종의 의존성이 있지만 어떤 학파들은 어느 정도의 이원성(dualism)을 받아들이며 두 가지의 실체로 구분합니다.

프란치스칸 학파들 특히 스코투스는 이러한 구분과 그에 따른 이원성을 성찰하면서 다른 개념을 제시합니다. 이 프란치스칸 개념은 헤체이타스(라틴어haecceitas, 영어haecceity)라고 표현되었는데, 이것성(thisness)을 의미합니다. 이 용어는 실존과 본질을 통합합니다. 어떤 것이 존재한다면 그것은 오직 이런 식으로 존재합니다. 어떤 것은 그것의 고유한 본질 혹은 고유한 성질과 구분되거나 분리되어 존재하지 않습니다. '이것성'은 고유한 특성과 구성의 존재 개념을 제시합니다. 어떤 것은 이런 특성과 구성 때문에 이것이며, 그렇지 않다면 이것이 되지 않습니다. 이 개념으로 인간을 이해할 때, 모든 인간 존재는 그 존재가 한 인격체(personality)가 되도록 하는 고유한 본질과 특성을 가진다는 것입니다. 현대의 '인간' 개념은 이런 이것성이라는 개념에서 논리적으로 발전해 온 것으로, 모든 인간 존재는 고유한 개별 인간으로서 존엄성을 가지게 됩니다.

5.1.5. 본성 혹은 대상 정체성

실존과 본질에 대한 학파 간의 다른 관점들은 다른 결과들을 도출하게 됩니다. 실존과 본질을 구분하고 동물과 인간처럼 본성을 구분하는 학파에서는 각각의 개별적인 존재는 그 자체로 고려되지 않습니다. 이는 사물들의 구별은 본성에 의하고 개별적인 존재에 있지 않음을 의미합니다. 따라서 이 학파들의 주요 관심은 본성에 있고 개별적인 존재는 본성에서 연역적으로 유추합니다.

'이것성'의 개념을 지지하는 학파들은 다른 관점을 가지게 되는데, 오직 개별자들과 본질만이 실제로 실존하고, 각자의 본성은 개별자 안에서만 실존한다고 봅니다. 즉 개개인의 인간성을 떠나서 인간성이란 따로 존재하지 않고, 개별 동물들의 본성을 떠나서 동물들의 본성이라는 추상적인 것은 실재하지 않는다고 이해합니다. 이런 이해에서는 어떤 것의 추상적 본성이 아니라 개별자가 실재하기 때문에 개별자들이 주체가 됩니다. 따라서 정체성은 개별자들 안에서 발견됩니다. 예를 들어 모든 인간은 '인간'이라는 공통된 정체성을 가지고, 또한 개별 인간으로서 고유한 정체성을 가집니다. 여기서 본성은 공통되고 공유되지만, 개별자는 유일합니다. 공통된 본성은 오로지 개별자 안에서만 발견된다는 것이 특이성의 원리(the principle of singularity)입니다. 이 특이성의 원리에 따라서 공통된 본성이 "이것"에 부여됩니다. 이 원리는 본질적인 개별자(per se unity)를 이루며, 이 개별자 안에서 공통된 본성이 독특한 방식으로 드러납니다. 개별자(per se unity)는 하나이며 유일합니다.

5.1.6. 인지 활동과 조명

학파 간의 중요한 차이는 또한 인지(cognition) 문제에서도 발견됩니다. 아리스토텔레스의 영향을 크게 받은 스콜라 학파들은 이성의 타고난 힘(a native power of rationality)에 주목합니다. 그리스도교에서는 이성의 힘을 하느님으로부터 주어진 선물로 이해하며, 이 이성의 힘은 정신의 한 요소인 지성(intellect)으로부터 나온다고 봅니다. 또한, 이 이성의 힘에 의한 인지 활동은 추상화를 통해 개념을 창출해냅니다. 인간에게는 정신적 이미지를 만들어내고 어떤 것을 인식하도록 도와 주는 다섯 가지의 감각들이 있는데, 이들을 통해 그것이 무엇이고 무엇이 아니며, 그것이 현존하는지 현존하지 않는지 판단합니다. 이것들은 앎(knowing)에서 필요한 과정입니다.

프란치스칸 학파의 일부는 아우구스티누스의 영향을 크게 받아 여전히 플라톤 철학을 따르는 경향이 있습니다. 여기서 명상 중 하느님으로부터 받게 되는 영감으로서 '조명'(illumination)이라는 개념이 중요합니다. 앎의 과정은 정신에서 이성의 힘에 근거하며, 상상(imagination)을 통해 창조와 역사를 깊이 묵상하면서 영감을 얻습니다. 여기에 필수 불가결한 요소인 상상은 앎의 과정에서 오감을 통한 사물의 직접 인식 때문에 가능하게 됩니다. 한편, 이 과정에서 중요한 것은 실제 경험인데, 이는 오감을 통한 실체에 대한 직접 접촉과 직관을 통해 이루어집니다. 이러한 인지 과정은 앎의 인식에 해당합니다. 실체는 감각을 통해서 마음 안에 이미지를 남기는데 중요한 것은 이 이미지를 내적 성찰을 통해 알아차리는 것입니다. 따라서 이성뿐만 아니라 실체의 직감적 인식도 중요하며, 이성은 감각, 직관, 그리고 감정에 의해 풍요로워집니다.

아리스토텔레스 철학을 적극적으로 수용하는 학파들은 앎(knowing)을 이성적 방법에 국한하는 반면, 프란치스칸 학파들은 이성을 감각, 직관과 통합시킵니다. 프란치스칸 학자들은 인지를 단순히 지적인 행위가 아니라 모든 인간 능력을 기반으로 하는 전인적 행위로 보았습니다.

5.1.7. 알기와 사랑하기

두 종류의 철학·신학적 주류가 모두 중요하게 생각하는 것은 결국 인간 삶의 목적입니다. 토마스에 의하면 그 목적은 완성(perfection)입니다. 여기서 인간의 충만한 완성은 지적 활동을 통해 이루어집니다. 가장 완벽한 지적 활동은 신적 본질에 대한 관상이며, 이를 통해 인간은 행복을 얻습니다. 토마스는 관상이라는 가장 완전한 지적 활동을 사랑의 행위라고 정의합니다. 즉, 사랑은 본질적으로 관상이라는 지적 활동을 일컫는 것입니다.

한편, 프란치스칸 전통에서 충만한 완성은 지적 활동에 한정되지 않습니다. 충만한 완성은 황홀경(영어ecstasy, 그리스어ek-stasis) 체험과 관련이 있는데, 황홀경은 인간이 '자신의 밖으로 나와 서서' 다른 자신과 합일하게 합니다.[6] 인간 완성은 단순히 인지적인 길을 통해서만 이루어지는 것이 아니라 사랑의 일치를 통해 도달할 수 있습니다. 사랑은 본질적으로 관상의 지적 활동이 아니라 타고난 선함(혹은 좋음, intrinsic goodness) 때문에 자신 밖으로 나와 다른 자신과 함께 서려는 의지로 간주합니다. 따라서 충만한 완성과 행복은 사랑하는 사람과의 충만한 사랑과 일치의 체험인 것입니다. 이 세상에서 완성을 위해 사랑을 실천하는 것은 다른 세상에 있는 하느님을 향한 충만한 사랑을 예시합니다.

5.2. 윤리·도덕적 질문

스콜라 시대 신학자들은 신관과 인간관에 따라 각기 다른 윤리 도덕적 질문들을 다루게 되는데, 다음 표는 그 차이점들을 정리한 것입니다.

---

[6] Ek-stasis는 문자 그대로 밖으로(ek) 서다(stasis)라는 의미를 가집니다.

스콜라 학파: 토마스 아퀴나스	프란치스칸 접근의 발전
1) 타락한 본성 2) 지성의 감독을 받는 의지 3) 자유와 완성 4) 도덕적 선은 덕이고 도덕적 행동은 덕스러운 행동의 중심이다 5) 제1확인: 도덕적 결정은 이성에 기초한다 6) 제2확인: 도덕적 삶은 덕에 기초한다	1) 타락한 행위 2) 의지는 이성의 힘 3) 자유와 관계 4) 도덕적 선은 사랑의 원리이고 도덕적 행동은 욕망과 사랑의 중심이다 5) 도덕적 결정은 이성적 사랑의 원리에 기초한다 6) 도덕적 삶은 지혜로 가는 길

프란치스칸 전통에서 신학은 계시에 비추어 실제 삶을 다루는 실천 과학이므로 신학적 성찰에서 윤리 도덕적 질문들을 주요하게 다룹니다. 물론 이 분야에서 다른 스콜라 학파들과 공유하는 것들도 있지만, 고유한 철학적 신학적 성찰을 바탕으로 고유한 원리들을 제시합니다.

5.2.1. 타락한 본성과 타락한 행위

윤리 도덕적 질문들을 다루기 전에 기본적인 인간학적 관점을 고려할 필요가 있습니다. 토마스에게도 영향을 준 일부 학파들은 원죄 이후 인간은 타락한 본성을 가지고 있다고 봅니다. 인간 본성 자체가 타락하고 부도덕하다는 것입니다. 이 학파들은 한 사람과 그 사람의 행위들을 구분해서 보지 않는 경향이 있습니다.

프란치스칸 학자들은 대부분 이와 다른 의견을 따르는데, 이 의견은 인간 본성은 여전히 긍정적이지만 원죄 이후에 계속되는 인간의 타락한 행위는 심각한 문제라고 봅니다. 여기서 한 사람과 선할 수도 악할 수 있는 그 사람의 행위는 구별됩니다.

이처럼 기본적으로 다른 인간 이해는 윤리 도덕 문제에 대한 논의에서도 드러납니다.

5.2.2. 의지의 중요성

윤리 도덕 문제들은 인간의 의지와 자유와 연관되어 있어서, 여러 학파는 인간 의지의 분명한 정의와 인간 자유의 가능성에 대한 의견들을 제시했습니다.

토미즘에서 의지는 이성적 욕구(rational appetite) 혹은 이성적 욕망(desire)을 의미하며, 여기서 욕구가 강조됩니다. 욕구의 도구이자 이성적 기능인 의지는 지성의 지휘하에 있습니다. 지성은 욕구의 이끌림(inclination)을 평가하고 의지를 지배합니다. 이처럼 지성과 의지의 관계에서 의지는 지성에 의지하게 되는데, 지성이 의지와 인간 행동을 일으키는 것입니다.

프란치스칸 전통은 다른 의지 정의를 제시합니다. 대표적인 프란치스칸 학자들은 의지를 이성적 욕구(혹은 욕망)가 아니라 이성적 힘(rational power)이라고 정의합니다. 의지는 단순히 욕구의 도구가 아니라 자기 통제와 자기 초월의 힘입니다. 자기 통제력인 의지는 결정력을 말합니다. 의지는 단순히 욕구나 욕망을 따르는 것이 아니라 욕구를 따를지 말지 결정할 수 있습니다. 따라서 의지는 인간 행동을 일으킬 수 있습니다. 행동하기 위해서 의지는 지성으로부터 정보를 받습니다. 여기서 의지와 지성 사이에 일종의 협력이 이루어집니다. 그러나 의지는 지성에 반해 행동할 수 있고, 이런 면에서 의지는 지성으로부터 독립적입니다. 지성으로부터 정보를 받은 의지는 인간 행위를 선택할 자유가 있습니다. 결정력, 선택할 수 있는 능력으로서 의지는 사랑의 주요한 요소입니다. 의지는 어떤 것이 사랑할 가치가 있는지를 결정하기 때문입니다. 사랑은 왔다가 사라지는 감정이라기보다는 선택할 가치가 있는 것을 선택하는 의지의 결정이라고 보아야 할 것입니다.

5.2.3. 완성과 자유 그리고 관계성과 자유

의지의 정의와 밀접한 것이 도덕적 행위와 관련된 인간의 자유에 대한 논의입니다. 인간의 자유는 주로 의지의 자유로 이해됩니다. 따라서 도덕적 행위는 인간의 자유 의지로 일어납니다. 자유 의지에 대한 논쟁에도 다른 입장들이 있습니다.

토마스 아퀴나스는 인간의 도덕적 자유(moral freedom)를 도덕 행위를 숙고하는 이성적 능력과 연관시킵니다. 도덕적 자유는 의지에 지시하는 지성의 추론 작용(exercise of reasoning)에 의해 좌우됩니다. 특별히 도덕적 추론과 결정은 수단-목적 추론(means-end reasoning)에 바탕을 둡니다. 수단-목적 추론은 또한 목적 지향(goal-oriented)의 의미를 가집니다. 인간의 행위가 지향하는 목적은 인간 완성입니다. 이성적 능력으로 인간의 도덕적 자유는 인간이 의지적으로 도덕적 행위를 하고 이를 통해 인간 완성을 이루도록 합니다. 인간의 도덕적 자유는 "어떻게 나의 행위가 나를 완성으로 이끌까?"를 숙고하게 합니다. 이 세상에서 사는 동안, 이 질문에 답하면서, 인간은 자유의 충만함을 경험하기보다는 자유로운 선택의 가능성을 가집니다. 마지막으로 도덕적 자유와 도덕적 행위는 더 낮은 것보다 더 높은 것을 향한 이끌림을 선택하는 것입니다. 여기서 도덕적 자유는 더 높은 완성을 선택하는 도덕적 행위의 근거가 됩니다. 많은 경우 이것은 욕구보다 의무를 선택하는 것으로 드러납니다.

성경과 교부들에 기반하여, 프란치스칸 전통은 단계적으로 독창적인 자유 이해를 발전시켰습니다. 자유는 직접적으로 의지와 관련되어 있는데, 자유는 바로 자기 통제와 자기 억제의 이성적 힘입니다. 자유는 선택할 의지, 거부할 의지, 선택하지 않을 의지를 말합니다. 자유는 의지의 자기 성찰적(self-reflexive) 행위입니다. 여기서 도덕적 자유는 의지를 통한 자기 통제와 자기 억제의 실행에 달려 있습니다. 프란치스칸 전통은 도덕적 자유를 완성과 연결하기보다 관계성의 원리와 연결합니다. 도덕적 행위는 완벽주의에 중심을 두기보다는 아름다움, 진리, 선함과 같은 가치들과 관련되어 있습니다. 도덕적 자유는 아름다움, 진리, 선함과 같은 가치들과 관련된 것들을 선택할 수 있는 자유로 이해됩니다. 어떤 행위는 인간이 이러한 가치들을 드러내는 것들과 관련이 있을 때 도덕적이고, 인간이 아름다움의 원천, 진리의 충만함, 최고의 선과 관련된 것들을 하게 될 때 더욱 도덕적입니다. 도덕적 자유는 의지적으로 아름답고 참되고 선한 것을 선택하는 것입니다. 인간은 이 도덕적 자유를 올바르게 실천하기 위해서 감정들 사이에 균형을 찾고, 마음이 아름다움, 진리, 그리고 최고선과 관련된 것들을 향하도록 해야 합니다.

5.2.4. 덕과 사랑

스콜라 학파들에서, 자유를 인간이 하고 싶은 것을 하고 현재의 쾌

락을 따를 수 있다는 가능성으로 이해하지 않았음은 분명합니다. 오히려 도덕적 자유는 인간 완성 혹은 어떤 좋은 가치들과 관련된 것들을 선택함으로써 얻게 되는 것입니다. 또한, 도덕적 행위는 도덕적 선(moral goodness)을 표현하고자 하는 목적의식과 관련되어 있습니다. 이처럼 여러 학파 간에 공통된 의견을 공유하는 한편, 도덕적 선에 대한 다른 이해들을 하고 있기도 합니다.

토마스를 따르는 스콜라 학파들은 도덕적 선을 덕(virtues)의 관점에서 정의합니다. 인간 행동은 도덕적(virtuous)이어야 합니다. 덕행은 도덕적 선에 일치하고 완성에 이르는 길입니다. 즉 덕을 통해 인간은 무엇이 선한지를 알고 선을 선택할 수 있으며, 덕행은 인간을 완성으로 이끄는 것입니다. 여기서 중요한 질문은 '어떻게 덕의 실천이 완성으로 인도하느냐'입니다. 도덕적 행동은 덕의 실천과 인간 완성에 초점을 맞춥니다. 덕행이 인간을 한 단계 한 단계 완성으로 이끌 듯이, 도덕적 행위는 종말론적 완성(eschatological perfectness)을 준비합니다. 이러한 시각은 목적론적 사고(teleological reasoning)를 유도하게 됩니다.

이 주제와 관련하여 프란치스칸 전통은 다른 접근법을 제시합니다. 도덕적 선은 사랑의 원리 안에서 규정되는데, 그것은 사랑의 표출로서 지금 여기 구체적인 현실 상황에 맞게 행동하는 것입니다. 여기서 덕은 자유롭게 사랑할 수 있도록 도와 줍니다. 참 사랑을 드러내는 도덕적 행위의 특징은 아름다움, 조화, 알맞은 비례, 일치, 적합성 등입니다. 이처럼 도덕적 행위는 여러 종류의 좋음(혹은 선함)을 드러냅니다.

1) 인간 행동의 여러 부분이 통합된 것을 보여 주는 본질적인 선 (essential goodness): 인간 행동은 욕구, 의지, 선택, 행동 등 여러 부

분으로 구성되어 있습니다. 본질적인 선은 이런 요소들이 모두 조화롭게 일치함을 의미합니다.

2) 선은 늘 관계적이고, 다른 것들과 조화를 이루는 행위이고, 선한 인간 행위는 목적을 지향하고 다른 참여자들과 조화를 이룹니다.

3) 행동의 주체가 중요한데, 주체의 의도, 동기, 자유로운 선택이 더 높은 차원의 선과 조화를 이루어야 합니다.

마지막으로 도덕적 선은 가장 합리적이고 가장 적합한 행동이며, 이 행동은 아름다우면서 조화롭습니다. 이런 도덕적 윤곽에는 '하느님과 사랑의 관계 안에 머물러야 한다'라는 본질적인 원리가 있습니다. 따라서 우리는 다음과 같은 근본적인 질문을 하게 됩니다. "이 행동이 어떻게 세상을 향한 하느님의 사랑과 하느님을 향한 나의 사랑과 일치할 것인가?"

두 스콜라 학파의 구별점은 다음의 두 가지 논의에서 다시 드러납니다.

5.2.5. 도덕적 결정

첫 번째 확인. 도덕적 결정은 추론에 기반을 두며, 이 도덕적 추론은 인간 완성을 중심으로 이루어집니다. 무엇을 할지 그리고 어떻게 한 단계 한 단계 완성을 향해 덕을 실천해 나갈지는 중요한 문제입니다. 우리는 삼단논법의 추론과 이러한 사고 과정을 거쳐 덕을 실행하면서 완성을 향해 나아갑니다. 아리스토텔레스를 따라서 이 과정을 다음과 같이 나눌 수 있습니다.

1 욕구 – 2 인식 – 3 행동

첫째, 덕은 올바른 것을 원해야 합니다.

둘째, 목적에 비추어 올바른 판단 인식 숙고의 과정을 거치고, 이에 맞는 선택을 합니다.

셋째, 내가 선택하고 나의 덕을 함양하는 선을 행합니다.

덕을 실천에 옮기는 것은 자발적인 행위입니다. 도덕적 행위는 덕과 도덕적인 삶을 발전시키는 데 중요한 역할을 하며, 덕과 일치하는 선한 행위를 계속할 때 선을 향한 본성이 개발됩니다.

한편, 프란치스칸들은 도덕적 결정은 사랑이라는 근본 원리에 바탕을 둔 합리성에 의해 이루어진다고 주장합니다. 여기서 강조하는 것은 사랑의 표현으로서 도덕적 행위를 선택하는 것입니다. 우리는 평생의 배움을 통해 분별 있는 사람이 되고, 지금 바로 여기서 사랑 안에 행동할 수 있어야 합니다. 이 과정을 다시 나누어 다음과 같이 분석할 수 있습니다.

첫째, 상황에 따라서 그 자체로 선한 것을 발견하고자 하는 정의로 이끌림(affection of justice)과 나에게 좋은 것을 추구하고자 하는 행복으로 이끌림(affection of happiness) 사이에 균형을 찾으려 합니다. 지금 현재 상황이 좋은 결정을 하는 데 중요합니다. 둘째, 이 순간 가능한 선택들을 살펴보고 이 가능한 요소들이 어떻게 서로 맞는지를 봅니다. 셋째, 자유로운 선택을 합니다. 이 과정에서 합리적 의지가 중요하며 선택은 자동으로 이루어지지 않습니다.

결국, 구체적인 상황에서 진리를 알아차릴 수 있는 능력을 키워 가야 하고, 더 선한 것을 위해 변하고 회개할 수 있어야 합니다.

5.2.6. 덕과 지혜

두 번째 확인. 토미즘 스콜라 학파의 도덕적 삶은 본질적으로 덕에 기반합니다. 도덕적 삶과 덕의 실천은 어느 정도 동의어입니다. 덕행의 삶을 사는 것은 과도하지도 않고 부족하지도 않게 올바르게 사고하고 올바르게 행동하는 것입니다. 이런 삶은 결국 만족, 탁월함, 그리고 완성을 가져다줄 것입니다. 또한 도덕적인(virtuous) 삶은 자연히 그리고 필연적으로 인간을 행복이라는 목적지로 인도할 것입니다.

프란치스칸 스콜라 학파는 도덕적 삶이 도덕적 지혜(moral wisdom)에 기반한다고 봅니다. 도덕적 지혜는 인간 행위가 도덕 원리와 조화를 이루도록 하며, 사랑이라는 근본적인 도덕 원리와 양심을 따라 도덕적 선택 상황에서 조화롭게 선택할 수 있는 미학적 능력 그리고 감수성과 깊이 연관되어 있습니다. 이런 도덕적 지혜는 일생에 거친 훈련과 실천을 통해 얻을 수 있는데, 덕행은 도덕적 지혜를 얻는 데 큰 도움이 됩니다. 사랑과 행복을 추구하는 여정인 도덕적인 삶은 하느님으로부터 주어진 무상의 선물에 의해 다다를 수 있고, 하느님께서는 예수 그리스도의 계시를 통해 참된 길과 사랑의 아름다움을 이미 보여 주셨습니다.

6. 프란치스칸 학파 개괄

두 주류 스콜라 학파, 토마스 아퀴나스와 프란치스칸 전통 간에 유사점과 차이점들을 살펴본 지금 우리는 이제 프란치스칸 학파를 이렇게 개괄해 볼 수 있게 됩니다.

6.1. 성 프란치스코와 더불어 시작하기

『성 프란치스코의 잔 꽃송이』 제2부 성 프란치스코의 오상에 관한 몇 가지 고찰 중 세 번째 고찰은 레오 형제가 지켜본 하느님의 신비를 관상하고 있는 프란치스코의 모습을 전해줍니다. 레오 형제는 관상 중인 프란치스코가 계속해서 이 말만을 반복했다고 전해줍니다. "내 사랑하는 하느님이여, 당신은 누구십니까? 그리고 당신의 가장 미천한 작은 벌레이며 쓸모없는 작은 종인 저는 무엇입니까?". 프란치스코는 하느님 앞에서 인간의 가장 근본적인 질문을 던집니다. "저는 무엇입니까?". 프란치스코가 실제로 살았던 삶, 그의 영성, 그리고 그의 영성은 이 근본적인 두 질문에 대한 해답이었으며, 그가 본 하느님의 이미지에 깊이 뿌리내리고 있습니다. 이처럼 아씨시의 프란치스코라는 인물을 통해 우리는 한 가지 삶의 양식뿐 아니라 하느님과 인간을 이해하고 해석하는 독특한 방식도 엿볼 수 있습니다.

프란치스코의 인간성, 그의 삶의 양식, 그리고 그가 가졌던 하느님의 이미지는 다양한 종교 운동들(movements)과 그의 철학적-신학적 접근 방식에 기초를 제공하였습니다. 그의 영적 삶의 양식은 그가 살아있는 동안에 이미 '신학화'(theologization)되기 시작했는데, 프란치스칸 영성, 철학은 학문적 성찰에서 시작한 것이 아니라 프란치스코의 하느님 체험과 실천적 삶의 양식에서 비롯된 것입니다. 프란치스코에게 아주 중요한 체험은 지극히 높고 전능하시고 위대하신 하느님께서 당신의 아드님이신 예수 그리스도 안에서 완전히 자신을 낮추시어 겸손과 가난 안에서 인간과 피조물의 종이 되셨다는 것을 깨달은 것입니다. 프란치스코는 하느님 사랑의 비우심(kenosis)에 완전히 마음을 빼앗겼고 자신의 전부를 바쳐 이 사랑을 따르고자 했습니다. 하느님의 애정 어린 겸손과 겸손한 사랑 체험은 성인이 하느님을 이해하는데 결정적이었으며, 그와 함께 시작한 전통과 이후에 계속되는 철학, 신학, 그 외 여러 학문적 분야에서 이루어지는 성찰들에 결정적인 영향을 미치게 됩니다.

자신을 무식한 사람이라고 묘사한 프란치스코는 학문적인 스콜라주의와 그 철학적 신학적 접근 방식을 의심의 눈으로 바라보았습니다. 그렇지만, 그리스도의 발자취를 따라 가난과 겸손의 삶을 추구했던 프란치스코가 모든 방식의 교육과 신학 공부를 반대했다고 볼 수는 없습니다. 그는 학문을 경시한 것이라기보다 학문이 교만과 오만을 불러오지 않기를 바랐습니다. 그는 세상적 지식과 인식과 신적인 지혜를 분명히 구분하였고, 모든 신자가 육적으로 영리해지기보다 하느님의 사랑 때문에 모든 인간과 피조물에 봉사하기 위해 단순하고 겸손하며 순수해지기를 당부했습니다.

프란치스코는 사람들이 참된 지혜, "아버지의 참된 지혜이신 하느님의 아들"에게 집중하기를 바랐습니다.[7] 그의 관심은 전적으로 예수 그리스도 안에서 계시된 참된 지혜에 집중되어 있었으며, 그의 모든 힘은 신적 지혜를 식별하고 따르는 것을 목표로 하고 있었습니다. 그에게는 이 목적을 이루기 위해 당시 부상하고 있던 대학의 과학적 방법들이 필요하지 않았습니다. 순결과 단순함을 통해서만이 참된 지혜를 식별하고 따를 수 있다고 믿었기 때문입니다.

프란치스코는 안토니오를 교수로 하는 신학 공동체를 허락하면서 형

---

7 「2신자 편지」 67.

제들에게 어떤 신학을 어떻게 가르쳐야 하는지 구체적으로 제시하였습니다.

> 사도가 말합니다. "문자는 사람을 죽이고 영은 사람을 살립니다"(2코린 3,6). 사람들 중에서 더 다양한 지식을 가진 자로 인정받기 위해서 또 친척이나 친구들에게 줄 많은 재물을 얻기 위해서 다만 말마디만을 배우기를 열망하는 이들은 문자로 말미암아 죽임을 당한 사람들입니다. 그리고 거룩한 문자의 영을 따르기를 원치 않고 말마디만을 배우기를 열망하며 다른 사람들에게 설명해 주기를 열망하는 수도자들은 문자로 말미암아 죽임을 당한 사람들입니다. 그리고 알고 있는 문자나 알고 싶어 하는 모든 문자를 육신의 것으로 돌리지 않고, 오히려 모든 선을 소유하시는 지극히 높으신 주 하느님께 말과 모범으로 돌려드리는 사람들은 거룩한 문자의 영으로부터 생명을 얻은 사람들입니다(「권고」 7).

그리고 안토니오에게 보내는 편지에서 프란치스코는 이렇게 적고 있습니다.

> 나의 주교 안토니오 형제에게
> 프란치스코 형제가 인사합니다.
> 수도규칙에 담겨 있는 대로, 신학 연구로
> 거룩한 기도와 헌신의 영을 끄지 않으면,

> 그대가 형제들에게 신학을 가르치는 일은
> 나의 마음에 듭니다. 안녕히 계십시오(「안토니오 형제에게 보낸 편지」).

안토니오는 프란치스코를 대신하여 형제들의 설교자 직무 준비를 지도하였습니다. 원래 아우구스티노회 회원이었던 안토니오의 가르침은 아우구스티노-수도승원적(Augustinia-monastic) 신학 전통에 기초하고 있는데, 그는 작은 형제들의 새로운 영성의 영향을 받아 이를 수정하였을 것으로 보입니다. 그의 '설교집'(Sermones)은 설교 준비에 실질적인 도움을 주려는 자료들과 설교 모임집으로서 그의 가르침을 살펴볼 수 있는 유일한 자료입니다. 그의 '설교집'은 역사 안에서 하느님의 구원 활동 이해를 돕고 청취자들이 회개하고 보속과 덕행의 삶을 살도록 초대하는 성서 메시지에 특별히 집중하였습니다. 안토니오는 자신의 교부-수도승원-아우구스티노 중심의 배움과 작은 형제들의 복음에 기반한 삶의 비전을 통합하면서 앞으로 프란치스칸 전통이 나아갈 신학적 영적 발전의 방향을 정하였습니다.

그의 『설교집』에서, 안토니오는 자신만의 구술법을 사용하여 프란치스칸 스타일의 설교를 위한 안내 원리를 제시하는데, 이 프란치스칸 교수법에서 성경 독서가 아주 중요합니다. 설교를 준비하는 사람은 성경 말씀이 자유로이 안내하도록 열린 마음을 가져야 하며, 성경을 읽으면서 신앙이 어떻게 구체적인 일상 삶 안에서 일깨워질 수 있는지를 연구해야 합니다. 그러면 설교는 설교자, 청자, 그리고 성령 사이에 역동적인 관계를 형성하게 됩니다. 안토니오의 교수법은 중요한 프란치스칸 설교 전통의 시작을 여는데, 프란치스칸 설교는 전적으로 성경을 지향하게 됩니다.

6.2. 하느님 말씀 주변으로 감(Orientation around the word of God)

프란치스칸 전통은 프란치스칸 삶의 양식과 영성이 지향에 따라 발전하게 됩니다. 프란치스칸 전기들은 프란치스코가 자신의 소명을 하느님의 말씀을 구체적으로 경청함으로써 깨달았다고 전하는데, 이처럼 프란치스코의 삶과 영성에서 구체적 성경 구절들이 중요한 역할을 하게 됩니다. 프란치스코는 하느님의 계시가 직접 자신에게 주어졌다고 느꼈는데, 그가 읽은 성경 구절들이 그의 삶에서 직접 하느님의 계시를 펼쳐 보인 것입니다. 그는 하느님의 말씀인 성경을 경청하는 자신만의 독특한 방법을 발전시켰는데, 존재론적으로 성경 구절들을 들은 것입니다.

그는 오늘날 우리가 하는 것처럼 성경 구절들을 해석하지 않았습니다. 대신에 자기 삶의 현실과 크고 작은 사건들을 자신이 들은 하느님의 말씀에 비추어 해석했습니다. 프란치스코는 존재론적으로 자신의 삶을 자신이 들은 하느님의 말씀 안에서 이해하려고 한 것입니다. 그러면서도 동시에 그는 성경을 자유롭게 듣고 읽었습니다. 그는 여러 성경 구절들을 결합하거나 성경 말씀을 해설하기 위해 다른 성경 구절들을 나열하기도 했으며, 가끔은 몇 개의 성경 구절들에 집중하기도 했습니다. 또한, 프란치스코는 성경을 그리스도론적으로 읽었는데, 대부분의 구절을 예수 그리스도에 비추어 이해하고 해석했습니다. 그의 해설은 직관적이면서도 가끔 감성적이기도 했습니다. 그는 언제나 자신의 성경 해석을 구체적인 삶과 연관시켰으며, 그의 해석이 순수히 영적인 측면에 머무는 것은 아주 드물었습니다.

프란치스코 사후 오래지 않아 그를 따르는 수도자들과 재속 신자들의 프란치스칸 운동 안에서 그의 삶의 양식과 복음 중심의 영성에 대한 깊은 신학적 해석이 시작되었습니다. 이러한 해석은 성경을 바탕으로 이루어졌는데, 이는 프란치스칸 전통의 전형적인 방식입니다. 이 성경 해석학은 하느님의 말씀인 성경을 우선시하고, 성경을 살아있는 말씀으로 간주하였습니다. 하느님의 말씀은 교회 전통 안에서 개인적이고 존재론적인 접근을 통해 늘 새롭게 읽혀왔고 카리스마적으로 선포되었습니다. 이처럼 계시는 역사 안에서 역동적으로 발전해 왔는데, 청취자들의 모임이고 성서 해석의 장인 교회 안에서 신앙인과 하느님의 말씀은 직접 소통했습니다. 또한, 말씀은 성사와도 특별한 관계를 맺는데, 성사 안에서 성찬례와 하느님의 말씀을 통해 그리스도의 현존이 똑같이 드러납니다.

6.3. 프란치스칸 학파들과 그 지향

이러한 해석학적 관점에서, '제2의 그리스도'로 불리는 프란치스코라는 인물 자체가 신학적 성찰의 대상이 되었습니다. 프란치스코의 하느님 이해에서 비롯되고 구체적인 영성으로 표현된 이 프란치스칸 운동은 이제 고유의 철학적 신학적 관점을 발전시키고, 역사 안에서 프란치스칸 학파를 형성하게 됩니다. 이 프란치스칸 학파는 다시 '전기', '중기', '후기' 프란치스칸 학파들로 구분됩니다. 소위 '전기' 프란치스칸 학파는 다시 옥스포드 학파와 파리 학파로 나뉩니다.

옥스포드 학파는 비-프란치스칸인 로버트 그로스테스트Robert Grosseteste에 의해 1229년경에 설립되었고, 그의 성서적-아우구스티누스적 사고방식과 수학적 물리적 경향성은 이 학파에 큰 영향을 끼쳤습니다. 중동 그리스 교부들에 바탕을 둔 그의 신학은 삼위일체론과 그리스도론에 집중했습니다. 그는 창조의 관점에서 그리스도의 육화를 해석했고, 그리스도의 보편적 수위권을 주장했습니다. 그의 과학 지향은 옥스포드의 프란치스칸 학파를 특징짓게 됩니다. 이 학파는 신학과 철학 외에도 자연 과학에 지속적인 특별한 관심을 보이고, 늘 신앙과 이성을 둘 사이 내적 관계의 관점에서 보려고 하였는데 이 관계에서 신앙과 이성은 각자의 고유한 성격을 간직합니다. 로버트 그로스테스트의 제자들에는 아담 마쉬Adam Marsh, 요크의 토마스Thomas of York, 콘월의 리카르두스 루푸스Richard Rufus of Cornall 등이 있으며 이들 중 가장 중요한 이는 아마 로저 베이컨Roger Bacon일 것입니다. 둔스 스코투스Duns Scotus 또한 이들 중에 속합니다.

    로저 베이컨 외에 옥스포드 대학이 배출한 또 다른 주목할 만한 프란치스칸 사상가가 있습니다. 그는 바르톨로메우스 앙글리쿠스Bartholomew Anglicus로서, 옥스포드 외에 파리와 막데부르크Magdeburg에서 가르쳤으며, 19권으로 이루어진 백과사전을 저술하였습니다. 이 백과사전은 잘 알려진 저술로 당시의 지식을 포괄적으로 담고 있으며 당대 대부분의 언어로 번역되었습니다. 그는 철학적이고 신학적인 책뿐만 아니라 과학 지향의 책을 쓰려 했는데, 모든 종류의 지식은 성경 나아가서 하느님을 더 잘 이해하는 데 공헌하리라고 생각했기 때문입니다. 이러한 바르톨로메우스의 태도는 특별히 옥스포드에서 발전한 중요한 프란치스칸 접근 방식을 특징 지우게 되는데, 그것은 '하느님의 두 가지 책들' 즉 성경과 자연을 통해 하느님의 지식을 추구하는 것입니다.

    파리의 프란치스칸 학파 설립은 헤일스의 알렉산더Alexander of Hales로 거슬러 올라가는데, 그가 1236/37년에 작은형제회에 입회함으로써 파리 대학교에서 프란치스칸들이 교수좌를 가지게 되었습니다. 이후에 루펠라의 요한John of Rupella과 오도 리갈두스Odo Rigaldus도 합류하게 됩니다. 알렉산더는 로버트 그로스테스트와 연관이 있는데, 그는 그로스테스트 밑에서 수학했으며 스승과 함께 과학적 교류를 계속하였습니다. 알렉산더는 자연 과학에 큰 관심을 보이지 않았지만, 그의 신학은 스승 로버트에게서 영향을 받았습니다.

페트루스 롬바르두스Peter Lombard의 『명제집』 주해에서, 알렉산더는 순수히 이론적인 형이상학과 실천적 지향을 가진 신학적 구원 역사(historia salutis) 사이에 균형을 이루었습니다. 이 과정에서 그는 후기 중세 시대에 중요한 역할을 하게 되는 스콜라주의의 과학적 신학 성찰에 이론적 형이상학과 구원 역사를 통합하는 한 방법론을 도입하게 됩니다. 그의 신학에서 중요한 주제들은 삼위 하느님의 자유, 하느님의 본질적인 선하심, 그리고 하느님의 자유와 선하심으로부터 연유하는 하느님의 절대적 선물인 창조입니다. 그의 스승인 그로스테스트처럼 알렉산더도 육화를 죄로부터의 구원이라는 관점이 아니라 무엇보다도 그리스도의 육화에서 이루어지는 전체 창조의 완성이라는 관점에서 바라보았습니다. 그리고 이런 관점은 이후 파리 프란치스칸 학파의 신학적 성찰에서 중요한 기초가 됩니다.

이후 그의 학파는 가장 저명한 프란치스칸 신학자 중 한 명인 바뇨레조의 보나벤투라를 배출하게 되는데, 그를 통해 '전기 프란치스칸 학파'는 절정에 이르게 됩니다. 보나벤투라는 신학을 거의 '거룩한 교리'와 동의어로 간주하였는데, 그것은 신학이 '제일 원리'이고 하나이며 삼위이신 하느님을 주로 다루기 때문입니다. 보나벤투라의 신학은 전적으로 성경에 바탕을 두는데, 그는 신학을 완벽한 학문으로 보았습니다. 이는 신학이 '제일 실재, 모든 것의 근원'에서 시작하여, 마지막 실재, 모든 것의 목표'로 나아가기 때문입니다. 또한, 신학은 순례자인 인간에게 필요한 하느님에 관한 지식을 전달하며, 모든 것은 그리스도를 향하고 모든 것은 그리스도 안에서 의미를 찾기 때문에 보나벤투라는 신학을 그리스도를 중심으로 하는 학문으로 보았습니다. 그는 자신의 신학과 영성을 두 가지 관점에서 발전시켜 나가는데, 하나는 신비적-존재론적(mystical-ontological) 관점으로 삼위의 하느님이 지고의 선으로 계시하심을 다루고, 다른 하나는 역사적-그리스도론적(historical-Christological) 관점으로 창조, 구속, 그리고 완성에서 예수 그리스도의 중요성을 성찰합니다.

보나벤투라는 종종 프란치스칸 철학, 신학, 그리고 영성의 가장 대표적인 인물로 간주합니다. 이는 직접 저술한 프란치스코의 전기들을 통해 작은형제회의 창설자와 그의 생애를 신학적으로 해석하고, 그 과정에서 프란치스코가 신학적 인물이 되고 또 영성 생활의 모델이 되었기 때문입니다.

'전기 프란치스칸 학파'를 이어 '중기 프란치스칸 학파'가 계속되는데, 파리와 옥스포드에서 가르친 교수들로 구성되었습니다. 이들 중에 아라스의 에우스타키우스Eustachius of Arras, 투르네의 기베르Guibert of Tournai, 브뤼즈의 발터Walter of Bruges, 요한 페컴John Peckham, 라마르의 기욤William de la Mare, 아쿠아스파르타의 마태우스Matthew of Aquasparta, 팔코의 페트루스Petrus de Falco, 미들턴의 리차드Ricard of Middleton, 트라비부스의 페트루스Petrus de Trabibus, 페트루스 요한네스 올리비Peter John Olivi, 오컴학파의 오트르쿠르의 니콜라스Nicholas of Ockham, 그리고 웨어의 윌리엄William of Ware이 있습니다. 파리나 옥스포드 대학들과 직접 관련되지는 않지만 빌라 노바의 아르날두스Arnaldus de Villa Nova와 마요르카 출신의 라몬 룰 Ramon Llull도 이 시대의 사람들입니다. 이어서 '후기 프란치스칸 학파'의 대표적인 인물로 '명민한 박사'(Doctor Subtilis) 둔스 스코투스가 있습니다.

스코투스가 명민한 사상가로 여겨지긴 하지만, 그의 학문적 방향성이 전적으로 이론적인 것만은 아닙니다. 그는 참된 신학은 사색에만 머물지 않고 하느님과의 일치 안에 완성을 이루는 하느님의 사랑으로 인도해야 한다고 가르쳤으며, 의지가 자유롭게 사랑의 길을 걸을 수 있도록 신학 지식이 올바른 길을 유도해야 한다고 주장했습니다. 이것이 바로 신학이 실천과학으로 여겨지는 이유인데, 신학이 자유 의지가 사랑을 구체적으로 실천할 수 있도록 인도하기 때문입니다. 신학은 실천적으로 사랑을 지향하고, 모든 것을 사랑으로 자유로이 창조하신 삼위이신 하느님 사랑의 업적을 성찰합니다.

한편 스코투스는 역사에 '스코투스주의'라고 불리는 한 학파의 창시자이기도 합니다. 1520년경부터 스코투스의 학문은 작은형제회 신학교에서 필수적으로 가르치게 되었고, 이후 형제회의 각 관구에서도 형제들이 스코투스를 공부했습니다. 스코투스 문하는 아니지만 동시대 인물로 페트루스 아우롤리Petrus Auroli와 오컴의 윌리엄William of Ockham이 있습니다.

이미 언급한 많은 이름과 세 시기와 두 개의 중요한 연구 기관들의 구분은 프란치스칸 철학과 신학이 토마스 아퀴나스와 그의 도미니칸 학파와 달리 하나의 구체적인 가르침을 따르는 통일된 신학적 이론 체계가 아님을 보여 줍니다. 프란치스칸 학파에 대한 기본적인 언급을 보면

부정적이거나 그 전통을 하나의 소외된 학파로 취급합니다. 프란치스칸 학파가 모든 논서를 관통하는 하나의 독립적이고 독자적인 사상 체계가 아니라는 것은 사실입니다. 또한, 프란치스칸 학파는 토마스 아퀴나스와 그의 신학대전(summa) 그리고 토미즘의 예처럼 한 스승이 전수하고 그의 제자들이 하나의 철학 신학 체계를 발전시키는 학파도 아닙니다. 프란치스칸주의와 토미즘을 같은 식으로 다룰 수는 없습니다.

프란치스칸 학파의 특징은 획일성이 아니라 다양성, 변화, 그리고 많은 수의 스승(master)에 있습니다. 프란치스칸 아이디어는 정확하게 이러한 다양성 그리고 토론과 논쟁을 통해 생겨나며 이들을 통합하는 하나의 학파를 형성하게 됩니다. 이처럼 프란치스칸 사상은 한 명의 특출난 마스터를 중심으로 하지 않고 형제체를 중심으로 발전하였습니다. 프란치스칸 전통의 특징은 실제로 마스터와 이론의 다원성이며, 이들은 서로 연관되어 있거나 긴장 관계에 있습니다. 그럼에도 이들은 모두 형제회에 속하고 창설자인 프란치스코라는 인물과 그의 영성에 연결된 공통분모들을 가지고 있습니다. 프란치스칸 사상은 그것이 어떤 색깔이나 모양을 띠든 모두 끊임없이 변화하는 형제체의 강렬한 경험이라는 공간 안에서 이루어집니다. 그리고 형제체는 프란치스코가 제시한 삶에 대한 구체적인 비전과 복음적 삶의 양식을 지향하며 계속하여 새로워졌습니다. 이처럼 프란치스칸 사상의 실질적인 주창자는 한 개인의 마스터가 아니라 역동적으로 창설자의 이상을 지향하고 성경을 기반으로 하는 프란치스칸 형제체라고 할 수 있을 것입니다.

하지만 하나의 형제체에 속하면서도 창설자의 이상, 인물, 의도 등을 다르게 이해하면서 가끔은 상반되는 신학적 주장들이 발전하기도 했습니다. 한편 창설자의 영향으로 프란치스칸 신학은 긍정적인 성격을 띠기도 합니다.

프란치스칸 신학의 독창성은 그 주제나 주장에 있기보다는 그것들이 접근하는 방식과 그것들을 다른 시각에서 바라보는 데에 있습니다. 예를 들어, 헤일스의 알렉산더는 신학을 우리의 구원을 위해 그리스도 안에서 드러난 하느님의 본질을 다루는 과학이라고 정의합니다. 보나벤투라는, 신학은 하느님을 모든 것이 구원을 위해 되돌아가야 하는 제일 원리(Primum Principium)로 보고 나누는 담화라고 규정합니다. 스코투스는 신학의 유일한 형상적 대상(formal object)이신 하느님을 인간과 창조계가 구원을 찾는 그리스도 중심주의(Christocentrism)의 출발점으로 삼았습니다. 스코투스에게 신학의 첫 번째 대상은 하느님 자신이었고, 두 번째 대상은 인간과 창조를 구원하시는 예수 그리스도 안에서의 하느님의 자기 계시였습니다.

프란치스칸 사상의 출발점은 존재(Being)에 대한 존재론적 질문이 아니라 삶을 시작하고, 방향 지우고, 형성하는 원천의 현존에 대한 질문입니다. 하느님에 관한 질문은 늘 인간과 세상의 구원 문제와 직접 연관되어 있으며 하느님의 칭호와 그분의 본질에 대한 철학적 신학적 이해와 같은 하느님에 대한 추상적 관심은 매우 드뭅니다. 그런 질문은 단지 인간과 창조 구원에 결정적으로 중요할 때에만 관심을 끌게 됩니다. 따라서 프란치스칸 학자들은 늘 인간의 하느님, 창조의 하느님을 이야기합니다. 이것은 신중심주의 관점(theocentric view), 더 정확하게 삼위일체와 그리스도 안에서의 삼위일체에 관한 가르침입니다.

프란치스칸 학자들은 삼위일체 신학에 초점을 맞추면서 사랑으로 자신을 계시하시고 케노시스kenosis를 통해 소통하시는 하느님의 역동적인 이미지를 발전시키게 됩니다. 저는 이러한 하느님 이미지와 인간의 삶과 창조계의 관점에서 하느님을 이해하는 것은 프란치스칸의 두드러진 점들이라고 봅니다. 프란치스코가 선호했던 하느님 이미지의 영성적 영향이 여기서도 분명히 감지됩니다.

프란치스칸들은 궁극적으로 모든 이론적 토론과 신학적 주장들의 미묘한 발전들은 실천에 이바지해야 한다고 봅니다. 그들에게 하느님에 대한 순수 이론적 지식 추구는 아주 미소합니다. 모든 신학 질문은 삶의 실천이라는 면에서 어떤 결과를 낳을 수 있는지에 대한 성찰로 이어지며, 미묘한 철학적 신학적 논의에 주로 참여하는 스코투스마저도 사랑의 실천은 이론보다 중요하고 이론은 사랑의 실천에 봉사해야 한다고 보았습니다.

이론가인 로저 베이컨 또한, 예를 들어, 신학은 선한 일로 이어져야 한다고 결론지었습니다. 하느님 이미지와 함께 프란치스칸 전통의 두 번째 특징은 신학적 논의들을 사랑의 신학 안에 조직화했다는 것입니다. 이처럼 중세 프란치스칸 접근 방식은 이미 현저하게 실천적이었으며, 프란치스칸 사상은 궁극적으로 구체적인 삶으로 실현되는 것을 목표로 했습니다.

세 번째 특징은 과학으로서 신학을 전개하는 방법을 살펴볼 때 나타납니다. 신학이라는 과학은 여러 단계를 거치게 되는데, 첫 번째 시작점은 하느님에 중심을 둔 흠숭 신학이고, 이어서 철학적 인간학과도 관련이 있는 구원 역사입니다. 여기서 감정과 감성적 직관에 대한 선호가 눈에 띕니다.

같은 맥락에서 주의주의적 관점(자유 의지)이 신비-정향(mystical orientation, [일치와 비전])에 결합합니다. 신학 법칙, 체계, 그리고 질서정연한 구조들을 나열하는 대신에, 지혜 안에서 앎의 기술(art),[8] 느끼고 사랑하는 기술, 식별하고 융합하는 기술을 강조합니다. 지식은 예술과 삶의 미학과 깊이 연관되어 있는데, 프란치스칸 전통 또한 특별히 예술의 가치에 주의를 기울였습니다. 프란치스칸들은 음악, 회화, 연극, 조각 등 모든 종류의 예술을 지혜를 설파하기 위해 사용하였습니다. 한편 토미즘의 성찰이 주로 사랑에 이르는 길을 찾기 위한 노력에서 이성을 중심으로 하지만, 프란치스칸 성찰은 지혜에 대한 통찰을 얻기 위한 노력에서 사랑을 중심에 둡니다.

이처럼 프란치스칸 학파들의 특징은 그들의 고유한 사상적 접근에서 발견됩니다. 물론 프란치스칸들도 형이상학을 연구하였습니다. 그들은 존재와 최고 존재에 대해 질문하였고, 신과 인간에 대한 존재론적-신학적 고찰을 했습니다. 하지만 그들에게는 구원적-역사적 접근법이 두드러지는데, 존재에 대한 질문보다는 인간 역사와 우주에서 하느님의 구원 행위에 관심을 더욱 집중한 것입니다. 여기서 다시 그들이 프란치스코의 영성에 전적으로 충실했음을 볼 수 있는데, 그의 세계관은 구원 역사 안에서 하느님의 행위로부터 거대한 영감을 받았습니다.

프란치스칸 전통의 이러한 방향성은 프란치스칸 사상에서 철학과 신학의 관계 이해에서도 드러납니다. 가끔 중세 교회의 철학 이해를 비판하면서 언급하는 '철학은 신학의 시녀'라는 표현은 철학과 신학에 대한

---

8 "art"라는 단어는 예술, 기술이라는 의미를 가집니다. 문맥에 따라서 적당한 한국어로 번역합니다.

프란치스칸 이해를 대변하지 않습니다. 프란치스칸들에게 모든 질문, 연구, 학문 성찰의 유일한 목표는 그리스도 안에서 계시된 하느님의 지혜입니다. 철학과 신학은 모두 이 목표를 향해 협력합니다. 철학은 이 목적에 좀 더 가까이 다가가기 위해 인간의 모든 이성 능력을 사용하려고 합니다. 철학이 그 한계에 부딪혔을 때 신학이 철학을 대체하지는 않으며, 신학은 하느님의 지혜를 깨닫는 데 도움을 받기 위해 철학적 탐구의 결과를 신적 계시에 대한 성찰들에 도입합니다. 따라서, 프란치스칸 전통은 철학을 단순히 더 우월한 신학의 시녀가 아니라, 더 관상적이고 명상적인 신학의 계몽된 자매(enlightened sister)로 간구합니다. 철학과 신학의 도움으로 감각들은 하느님의 지혜를 지향하고, 직관은 마음을 향하게 됩니다. 계몽된 철학, 관상적 신학, 정화된 감각들, 그리고 사랑의 직관들은 모두 하느님과 인간 신비에 다가가기 위한 도구들입니다.

한편, 성경과 교부들과 함께 아우구스티누스도 프란치스칸 신학의 원천이었습니다. 아우구스티누스는 프란치스칸 신학을 '아우구스티누스-프란치스칸 신학'이라고 칭할 정도로 큰 영향을 끼쳤습니다.

지금까지 열거한 프란치스칸 신학의 특징들은 프란치스칸 저서들에서 두루 발견됩니다. 프란치스칸 논서들의 구조는 대전(summa) 형식을 따라 고전적이고 전통적이었는데, 인간학에 대한 독립된 논서는 찾을 수 없고, 인간학적 질문은 하느님에 관한 질문들에 통합되었습니다. 또한, 비록 페트루스 요한네스 올리비 예처럼 아직 출판되지 않은 저작들도 많이 있지만, 프란치스칸 저작들을 두루 연구한 결과 프란치스칸적 철학과 신학의 관계 이해도 명확하게 프란치스칸 전통 안에서 발견됩니다.

6.4. 프란치스칸 해석학

프란치스칸 학파의 많은 사상가의 신학적 특징은 프란치스코를 신학적인 인물로 해석하는 것입니다. 프란치스코라는 인물은 프란치스칸 고유의 철학, 신학, 영성의 유형을 보여 줍니다. 프란치스코는 '신학의 자리'가 되고, 신학적, 영적, 철학적 이해와 해석학으로 나아가는 열쇠가 됩니다. 이제 저는 프란치스칸 해석학에 관해 이야기할까 합니다.

프란치스칸 해석학에는 매우 다양한 접근 방식들이 있지만, 이 모든 것은 두 개의 큰 줄기로 수렴됩니다. 하나는 프란치스코의 삶과 인격을 그리스도론적 시각에서 해석하는 것이고, 다른 하나는 영적-종말론적 시각에서 해석하는 것입니다. 그리스도론적 해석은 보나벤투라의 작품에서 그 정점에 이르고, 영적-종말론적 해석은 페트루스 요한네스 올리비의 작품에서 그 정점에 이릅니다. 중세 프란치스칸들의 사상들은 종종 다양함, 차이점들, 그리고 상반되는 영역들을 보이지만, 이처럼 다양한 프란치스칸 시각과 사상들을 하나로 묶어 주는 여러 가지 기본적인 특징들을 발견할 수 있습니다. 서로 다른 다양한 시각들의 일치는 정확히 '프란치스코라는 신학적 인물'로부터 영감을 받은 것입니다. 프란치스코는 단순함과 소박함을 기반으로 해서 학문과 과학을 바라봤습니다.

프란치스코라는 신학적 인물에 기반하여 프란치스칸들에 의해 점진적으로 발전한 이 고유한 사상의 기본 원리들은 다음과 같이 요약할 수 있습니다

  가) 지혜와 과학의 변증법 혹은 상호 작용
  나) 사랑과 지성의 변증법 혹은 상호 작용

다) 이론과 실천의 변증법 혹은 상호 작용

라) 역사 현실과 구원의 변증법 혹은 상호 작용

가) 지혜와 과학의 변증법 혹은 상호 작용

과학과 지혜는 알고자 하는 인간의 의지, 내적 욕구, 필연성에 기반하고 있습니다. 어원적으로 볼 때, 과학은 아는 이들의 힘을 의미하며, 정교하고, 체계적이고, 꼼꼼하고, 지적인 교육과 비슷한 말입니다. 중세 시대에 과학은 넓은 의미에서 이해에 기반하고 통찰을 얻는 데 도움이 되는 어떤 지식이나 식별을 의미합니다. 즉 과학은 설명할 수 있는 원리에 기초한 지식을 의미하는 것입니다. 중세는 과학을 설명하는 데 있어 아리스토텔레스를 기반으로 하는 전통적인 접근을 따릅니다. 이에 따르면 과학은 외적, 효율적, 최종적, 내적, 형상적, 물질적인 근거들에 기반한 사물에 대한 지식을 말합니다. 이 점에서 과학과 지혜가 만나게 됩니다. 지혜는 사물을 본래의 가장 높고 고귀한 원인에 근거하여 사물을 이해하는 특별한 방식입니다.

지혜와 과학의 변증법은 우리 삶과 관련한 모든 것을 검토하고 조사하고 명료화하는 이 두 가지 다른 방식들 사이의 상호 작용을 말합니다. 공통으로 과학과 지혜는 사물들을 식별하고 모든 것에 대한 통찰에 이르고자 합니다. 과학은 사물들 그 자체와 서로 간의 상호 연관성을 살펴보며, 과학적 탐구는 논리적이고 구체적인 방법과 이성적 숙고를 통해 이루어집니다.

프란치스칸들은 지혜를 통해 모든 인간 기능이 하느님을 향하고 그분을 중심으로 한다고 이야기합니다. 지혜는 묵상, 관상, 영적 통찰에 기반한 일종의 깨달음입니다. 보기에 따라서는 그리스도교 지혜는 세상의 지혜와 반대되며 모든 것을 그리스도 안에서 이해하려고 합니다. 모든 지혜와 지식의 보화는 그분 안에 숨겨져 있기 때문입니다.

지혜와 과학의 변증법은 사물 자체의 지식을 중요하게 생각하는데, 과학이 발견하는 것들을 토대로 하면서 동시에 하느님과 관련하여 모든 것을 바라봅니다. 즉 과학이 발견하는 것은 완전하고 온전하게 모든 존재의 기원과 제일 원리를 향하게 합니다. 이러한 측면에서 식별과 지식은 단순히 과학의 성과만이 아니라 하느님 영의 선물이기도 합니다.

나) 사랑과 지성의 변증법 혹은 상호 작용

두 번째 변증법은 첫 번째 변증법과 일관성을 가집니다. 과학이 지성을 능동적인 도구로써 사용하는 반면 지혜는 사랑을 필요로 합니다. 이러한 변증법은 두 가지 인식 방식의 상호 관계를 보여 줍니다. 지성은 우리가 정신적으로 사물을 있는 그대로 식별하도록 도와 주지만 사랑은 모든 사물 안에 본래부터 내재하는 신비를 감성적으로 식별하도록 도와 줍니다. 사랑과 지성 사이의 상호 작용은 사물을 실험과 연구의 대상으로 바라보는 것을 넘어 모든 것 안에 내재하는 존엄성과 본질적 가치를 알아보도록 합니다. 마지막으로 사랑과 지적 식별의 변증법은 하느님 안에서 사물들을 알아보게 할 뿐만 아니라 나아가 하느님을 삼위일체의 신비 안에서 바라보도록 합니다. 사랑과 지성의 변증법은 존재를 알게 하고, 이를 통해 우리는 하느님을 체험하게 되는 것입니다.

다) 이론과 실천의 변증법 혹은 상호 작용

중세는 이론적이고 사변적인 과학과 실천적이고 도덕적인 과학을 명확하게 구분하였습니다. 이론적이고 사변적인 과학은 사물 그 자체를 식별하고 설명하고, 실천적이고 도덕적인 과학은 인간의 존재와 행위에 관해 이야기합니다. 물론, 프란치스칸들 역시 이론적이고 사변적인 과학에 참여하였습니다. 하지만 이들 대부분은 순수하게 이론적인 지식에는 관심이 없었고, 그들의 학문, 연구와 과학은 모두 실천에 맞춰져 있었습니다. 여기서 우리는 세 번째 변증법을 발견하게 됩니다. 구체적 실천을 지향하는 이론적 연구입니다. 사물을 있는 그대로 아는 것은 인간이 하느님을 발견하는 데 도움이 됩니다. 대부분의 프란치스칸 저자에게서 우리는 인간 삶의 현실과 도전들을 알고자 하는 노력을 엿볼 수 있습니다. 그들은 이론적인 지식의 도움을 받아 사랑을 통해서 사람들의 삶을 개선하려고 하였는데, 이것은 실천과 이론의 참된 상호 교환에 보여 줍니다.

라) 역사 현실과 구원의 변증법 혹은 상호 작용

이론과 실천의 관계 이해는 나아가 역사 현실과 구원선의 변증법으로 이어집니다. 프란치스칸들은 특별히 형이상학뿐만 아니라 역사철학과 역사신학 또한 발전시켰는데, 이들은 신앙의 빛 안에서 역사와 사건들 그리고 삶의 현실과 창조를 재해석하였습니다. 이러한 재해석은 보편적 구원 경륜 안에서 역사적 현실을 고찰했으며, 더불어 사람들이 세상과 교회에 대해 적극적인 태도를 보이게 하였습니다. 역사적 현실과 구원의 변증법은 지금 여기에서 하느님 나라의 미래 가치들을 선포하고 실천하게 하는 강한 선교 정신을 불어넣었습니다.

여기서 우리는 두 가지 해석 방식을 구분할 수 있는데, 그리스도론적인 해석과 더 영적-종말론적인 시각입니다. 그리스도론적 해석은 육화하신 예수 그리스도의 인성을 이미 충만한 구원의 완성으로 보고, 신앙과 덕의 길을 통해 인류가 이러한 구원에 동참할 필연성을 제시합니다. 반면 영적-종말론적 시각에서는, 인류가 성령의 이끄심 아래 근원적 회개를 통해 그리스도의 임박한 재림을 기다려야 한다고 봅니다. 역사적 현실과 구원의 이 변증법은 그리스도론적 해석 방식과 영적-종말론적 해석 방식이라는 다른 해석 방식들을 통해 구원 역사를 통찰하도록 도와 줍니다. 더불어 하느님 안에서 모든 것이 완성되는 이 새로운 구원 역사로 모든 존재와 피조물들을 이끌도록 우리를 재촉합니다.

프란치스코라는 인물을 신학적으로 바라보는 과정은 지속적인 대립에 직면해야 했고, 이 과정에서 자극받은 프란치스칸들은 아씨시 성인의 단순함과 소박함의 해석학을 더 심화시키게 되었습니다. 중세 프란치스칸 사상가들의 연구방법과 결과는 서로 달랐지만, 프란치스코의 모범에 기반한 해석학은 이들을 하나로 묶었습니다. 이들은 모두 프란치스코의 단순성 위에 굳건히 서 있었고, 이 단순성은 연구와 묵상에 영감을 불어넣었습니다.

이러한 해석학에 기반하여 프란치스칸 전통은 하느님의 지혜에 이르는 네 가지 길을 제시하게 되는데, 지식의 길, 자유의 길, 대화의 길, 그리고 마지막으로 최고의 선(bonum)에 이르는 길입니다.

6.5. 프란치스칸 학파의 신비주의

토마스 첼라노의 「2생애」는 프란치스코의 회개와 관련한 신비 체험을 언급합니다. "프란치스코를 관통한 것은 하느님의 신비였다. 비록 그가 교육받은 사람은 아니었지만 참으로 그는 완전한 지식으로 이끌려졌다"(「2첼라노」 7). 첼라노뿐만 아니라 보나벤투라 역시 오상 사건을 묘사하면서 신비적 용어를 사용합니다(참조: 『대전기』 제13장 3). 그리스도와 가까워지고자 하는 프란치스코의 열망, 하느님에 사로잡힘, 깊은 연민, 사랑의 충만함, 기쁨의 체험, 성령으로 고양됨, 오상을 받음 등은 모두 신비주의와 연관된 것으로, 보나벤투라는 프란치스코를 그리스도와 신비 체험 안에서 변화된 것으로 묘사한 것입니다.

프란치스코를 신비가로 보면서 프란치스칸 전통 안에서 신비 체험을 통해 앎에 이를 수 있다는 가능성이 열리기 시작했으며, 이후 프란치스칸 역사 안에서 많은 신비가가 등장했습니다. 그중 특별히 폴리뇨의 안젤라나 코르토나의 마르가리타 같은 프란치스칸 여성들 안에서 신비가들을 찾아볼 수 있는데, 아씨시의 클라라도 곧잘 신비가로 묘사됩니다. 이러한 여성들에게 신비 체험을 통한 앎은 프란치스코를 따르는 보속의 삶과 깊이 연관되어 있습니다. 한편 프란치스칸 신비주의는 위디오니시우스에 영향을 받은 고전 신비주의의 삼중도 즉, 정화, 내적 조명, 그리고 완전한 일치에 기반합니다. 프란치스칸 신비주의에서 선명하게 드러나는 점은 비상한 신비적 경험 자체에 특별한 중요성을 부여하기보다는 일상 안에서 하느님의 선하심 체험을 중요하게 여긴다는 것입니다. 이는 일상 체험을 통해 하느님의 신비로 다가설 수 있는 길을 모든 이에게 열어 줍니다.

이러한 신비주의는 사람들이 모든 감각과 감정을 최고선 자체이신 하느님께 되돌리도록 촉구하며, 자신의 온 생애에 걸쳐 자신을 성령과 그분의 활동하심에 내어 맡겨 하느님의 일을 수행하는 것에 중요하게 여깁니다. 이러한 하느님과의 친밀한 일치는 단순히 비유적 이해에 머무는 것이 아니라, 구체적으로 믿는 이의 마음 안에 머무시는 삼위 하느님을 체험하는 것입니다.

또 다른 프란치스칸 신비주의의 주제는 혼인입니다. 예수 그리스도와 믿는 이의 영혼 사이에 이루어지는 혼인의 결합이라는 주제는 고전 신비주의에서 이미 사용되었습니다. 하지만 프란치스칸 전통은 이 주제에 독자적인 색깔을 더하게 더합니다. 프란치스코는 가난 부인을 신부로 맞아들이게 되는데, 육화하신 하느님의 아들 예수 그리스도의 진정한 연인인 가난 부인이 이제 그리스도를 닮은 프란치스코에게 맡겨진 것입니다. 이로써 혼인이라는 주제와 구체적인 가난의 삶이 함께 신비 체험의 영역 안으로 통합됩니다.

6.6. 프란치스칸 학파와 경제 윤리

프란치스칸 하느님 이해와 실천 강조, 그리고 하느님 현존의 영적이고 신비적인 체험에 영감을 받아, 프란치스칸 학파의 대표적인 학자들은 당대의 사회 문제에 관심을 두고 경제 윤리학의 기본적인 틀을 만들어 냅니다. 여기서 우리는 중세에 사회와 종교가 밀접한 관계를 맺고 있었다는 것을 염두에 둘 필요가 있습니다.

토마스 아퀴나스 또한 경제 문제를 다루었지만, 그에게 돈은 무익하고 가치 없는 것이었습니다. 이처럼 돈의 가치에 대한 정적인 시각으로는 활발한 재화 거래와 역동적인 자유 시장에 적절하게 대응할 수 없었습니다. 돈을 가치 없는 것으로 본 토마스의 사상에서 다양한 재화의 가치 계산이나 교환, 또한 저축이나 투자 역시 가능할 수 없었습니다.

이러한 정적인 시각에서 근대 경제 발전의 틀이 발전하는 것은 거의 불가능했습니다. 한편 프란치스칸 학파들은 경제 문제에 대해 다르게 접근했습니다. 프란치스칸들은 고리대금업, 성직매매와 뇌물 문제들에 관해 이야기하고, 개인 소유권, 자선의 의무, 자연 착취와 부자들의 수탈 문제에 대해 다루었습니다. 이러한 주제들에 대해 복음에 부합하는 윤리적 판단을 내리기 위해 그들은 당시 사회의 경제적 상황에 관한 정확한 분석을 했으며, 이자의 중요성, 자본과 공정시장가격 등 경제가 어떻게 기본적으로 돌아가는지 설명했습니다. 또한, 그들은 소수 부자의 부의 축적 때문에 서민들이 가난해지고 기근과 같은 비극적 결과들이 생긴다고 비판하였습니다.

그들은 자신들이 이해한 하느님 이미지와 철학적-신학적 원칙들을 바탕으로 공동선, 평등과 동반자 관계, 그리고 관대함과 같은 경제원칙들을 세웠습니다. 이러한 원칙들에 기반하여, 이들은 모든 이의 공동선과 개별 동반자들을 이롭게 하는 공정거래가격 개념을 발전시켰습니다. 즉 공동선, 평등과 관대함의 원칙에 의해 윤리적인 경제활동이 이루어지는 것입니다. 프란치스칸들은 단순히 시장 경제 이론을 발전시키는 데만 머무르지 않고, 재속회원들 그리고 다른 은인들과 함께 '몬티 디 피에타'[(라틴어)Monte de Pieta/(이탈리아어)Monti di Pieta]와 같은 은행이나 조합을 설립하였습니다. 이처럼 경제에 관한 적극적인 관심과 참여는 프란치스칸들이 세상에 대한 비판적인 시각을 견지하면서도, 세상으로부터의 도피(fuga mundi)를 지향하기보다는 하느님 나라의 관점에서 복음 정신으로 세상을 변화시키려고 노력했음을 보여 줍니다.

프란치스칸 경제 윤리는 영적이며 신학적인 영감에 기반을 두고 있습니다. 이러한 신학적 기반의 예는 프란치스칸 신비 문학 작품인 『가난 부인과 성 프란치스코의 거룩한 교제』(이하 『가난 교제』)에서도 찾아볼 수 있습니다(작자 미상, 1227~1230년 사이에 기록되었을 것으로 추정).

『가난 교제』에서 프란치스코는 자신이 평생 추구했던 완전한 가난을 인격화한 가난 부인의 구애자로 그려집니다. 성서의 아가, 잠언, 지혜서 그리고 기사도의 로맨스 문학으로부터 빌려온 이미지들을 통해, 저자는 프란치스코와 가난 부인의 교제를 그려내면서 가난 부인의 경쟁자인 탐욕의 유혹이 프란치스칸들에게 던지는 위협들을 강조합니다. 우리는 이 신비 문학을 통해 프란치스코가 세상을 떠난 지 얼마 지나지 않은 시점에서 형제들이 새로운 사목 현장인 상업과 재화로 번창하는 도시에서 직면하게 된 도전들을 엿볼 수 있습니다.

여기서 라틴어 콤메르치움commercium(영어 commerce)이라는 단어를 이해할 필요가 있는데, 상업과 관련된 경제 용어로서 교환 혹은 교제로 번역할 수 있습니다. 이 단어는 또한 도시의 신흥 시장들이 발달하던 역사적 배경 안에서 더 잘 이해할 수 있는데, 특별히 국가 간, 혹은 다른 지방들 사이의 대규모의 상품과 물자 상호 교환으로 이루어지는 사업을 일컫기도 했습니다.

그런데 같은 단어가 당시에 영적인 의미가 있기도 하였습니다. 유익한 교환(salutare commercium)과 경륜(oikonomia)이라는 말은 그리스 교부들의 전통 안에서 거룩한 육화가 인간의 구원을 가져다 줌을 시사했으며, 이 구원을 위해서는 인간의 영적 도덕적 협력이 필요함을 의미하기도 합니다.

또한, 코린토2서 8,9의 거룩한 교환의 개념은 신흥 상인들과 금융인들에게 윤리적 틀을 제공하기도 했습니다. "여러분은 우리 주 예수 그리스도의 은총을 알고 있습니다. 그분께서는 부유하시면서도 여러분을 위하여 가난하게 되시어, 여러분이 그 가난으로 부유하게 되도록 하셨습니다."

이런 맥락 안에서 우리는 왜 프란치스칸들이 설교를 통해 경제 윤리를 옹호했는지 그 동기와 이유를 이해할 수 있습니다.

신흥 부르주아 계층인 무역인, 소매업자, 상인, 법률가, 점원, 금융인들이 생겨나면서 지역내 물자 교환에서부터 지역 간, 국제간 재화 경제에 이르기까지 급격한 경제 변화가 일어나면서 신흥 부르주아 계층인 무역인, 소매업자, 상인, 법률가, 점원, 금융인들이 생겨났으며, 국제 무역과 국제 은행업을 담당하는 국제 조직들도 생겨났습니다. 프란치스코의 아버지인 피에트로 베르나르도네가 동양에서 프랑스 남부로 직물을 거래했던 것도 이런 국제 경제의 흐름 안에서 볼 수 있습니다.

프란치스칸들 중에서도 이러한 신흥 경제 계층 출신이 많았는데, 이들 프란치스칸들은 교회의 돌봄이 미치지 못했던 경제적으로 번창하고 있던 도시들에서 사목 활동을 하였습니다. 교회는 이 새로운 계층을 불신의 눈으로 바라보았는데, 프란치스칸들은 이처럼 새로운 경제 계층에 속하는 그리스도인들을 사목하면서 그들의 상업을 도덕적이고 윤리적으로 정당화해야 할 도전에 직면하였습니다. 문제는 당시 매우 종교적이었던 사회에서 아직 비윤리적으로 여겨졌던 직업인들을 어떻게 포용할 것인가였습니다. 당면한 질문은 "상인도 구원을 받을 수 있는가?"였는데, 교도권의 공식적인 답변은 부정적이었습니다. 한편으로 이 새로운 부르주아 층과 그들의 직업들을 사회 안에서 정당화하면서, 다른 한편으로 당시 많은 교회 기관들의 비윤리적인 행위들을 밝히고 제재할 필요도 있었습니다. 또한, 지역과 국제 시장이 어떤 방식으로 돌아가는지 분명히 밝히고, 태동하는 금융업을 위해 필요한 원칙을 마련해야 했습니다. 이런 요구들에 대응하면서 경제 이론과 이를 위한 이론적 기반들이 형성되었습니다.

프란치스칸 지적 전통은 당시 경제 상황과 관련하여 아래와 같이 신학적, 영적, 윤리 도덕적 작업에 깊숙이 관여하였습니다.

1) 상인들과 다른 이들을 도덕적으로 정당화하고, 교회와 사회 안에 그들의 자리를 만들어 주는 것
2) 교회 내부에서 비윤리적인 경제 행위를 중단시키는 것
3) 시장과 금융의 기본적인 구조를 파악하고 기본 원칙들을 설정하는 것
4) 탐욕을 방지하는 윤리적 무역, 금융 방식을 찾는 것
5) 가난한 이들에게 가치 있는 노동의 기회를 제공함으로써 극심한 빈곤을 없애고 사회 전체의 공동선을 추구하는 것

이처럼 당시 경제 이론과 시장 활동이 인본주의와 종교적 질문들에 연관되어 있었기 때문에, 경제활동의 이론적 기반 형성에 철학과 신학, 특별히 윤리신학이 깊이 관여하지 않을 수 없었습니다.

이러한 상황에서 돈과 소유로부터 거리를 두고 가난을 실천하던 프란치스칸들은 윤리·도덕적 경제 이론을 가르칠 적합한 교사로 간주되었습니다. 해결책을 찾는 과정에서 이들은 성경 구절들에서 깊이 영감

을 받았습니다. 프란치스칸들은 사회 경제적 삶의 현실을 존중하면서 성경 구절들을 읽고 해석해 나갔고, 성경 안에서 윤리학의 모든 기반을 찾아냈습니다. 20명의 프란치스칸들이 쓴 250개의 글에서 우리는 성경의 권고 말씀들과 사회 경제적 삶 사이의 관계에 대한 고찰을 보게 되는데 마태 6,19-34 하늘의 보화, 루카 16,19-33 부자와 가난한 라자로, 루카 19,11-27 열 달란트 비유, 루카 19,45-48 예수와 성전 상인들, 루카 21,1-4 과부의 헌금, 이외에도 다른 구절들에 대한 묵상과 주석들에서 이를 잘 볼 수 있습니다.

이러한 성경의 권고 말씀과 하느님을 최고의 선으로 보는 프란치스코의 신관에 영향을 받아, 프란치스칸 학문 전통은 점차 아래와 같은 경제원칙들을 형성해 나갑니다.

1) 모든 이를 위해 자본의 투자와 순환(이를 통해 다수의 인구가 경제활동에 참여할 수 있고, 이는 사회 경제적 행동이 한 그룹이 아니라 대다수 인구를 위한 것이어야 함을 의미한다)

2) 부가 소수의 사람에게 한정되는 것 방지

3) 경제적 재화의 유동적인 사용과 전용專用을 구분

4) 개인의 이익과 공동체 이익의 균형 유지

5) 즉각적이고 과도한 이익 창출을 위한 경제활동을 제어하는 원칙 선호

6) 생산성, 이윤, 그리고 자본 자산의 이론적 틀, 공정 가격 이론, 그리고 가격 원칙을 수립함으로써 경제 성장을 조정

7) 관대함

하느님을 최고선으로 이해하는 것은 하느님의 관대함에 기초하는데, 선하신 하느님께서는 이익이나 필요에 의해서가 아닌 드넓은 관대함으로 세상을 다양하게 창조하셨습니다. 또한, 작은 형제들은 가난을 통해 매일 관대함을 경험하게 되는데, 이들은 "선"과 함께 이 "관대함"을 경제 윤리의 한 부분으로 통합하였습니다. 극단적인 자유주의는 시장의 약자들을 짓밟고 더 많이 소유할 것을 조장하지만, 관대함은 사회가 경제적 약자들이 시장 경제에 참여할 수 있도록 도와 줄 것을 촉구합니다.

극단적인 자유주의가 장기적으로 시장을 약하게 하는 반면, 관대함은 더 많은 이를 경제활동에 참여시킴으로써 장기적으로 시장을 강하게 만든다는 것은 입증된 사실입니다. '몬티 디 피에타'의 형성도 이런 관대한 개념에서 시작하였는데, 몬티 디 피에타는 평신도들의 도움으로 프란치스칸들이 시작한 오늘날의 조합 금융(Micro bank)과 같은 경제 조직입니다. 가난한 이들은 몬티 디 피에타를 통해 얻은 초기 자본금으로 개인 사업을 시작할 수 있었고, 이를 통해 만족할 만한 경제적 삶을 영위할 수 있었습니다.

우리가 잘 인지하지 못하고 있지만, 프란치스칸 학문 전통 안에서 시작된 여러 경제 개념과 수단은 오늘날까지 사용되고 있습니다. 베네치아 출신의 프란치스칸 파치올리의 루카 Luke of Pacioli가 개발한 복식 부기, 페트루스 요한네스 올리브가 만들어 낸 노동의 원리와 공정 가격 이론, 요한 둔스 스코투스에 의해 예견된 가격의 기본 원리와 장기 계산 법칙 등이 그것입니다. 깊은 영적 전통에 기반한 '거룩한 교환'이라는 프란치스칸 경제 개념은 당대의 사람들이 세속적 경제활동과 동시에 하느님 나라의 구세사적 경륜 사업에 참여하면서 마주하게 되는 도전들에 응답하면서 발전해 나갔습니다.

7. 그리스도론 전통

한편 "거룩한 교환"에 대한 성찰을 통해 우리는 프란치스칸 그리스도론이라는 신학적 숙고에 이르게 됩니다. 프란치스칸 그리스도론을 논하기에 앞서 우리는 먼저 그 배경이 되는 스콜라 그리스도론을 살펴볼 필요가 있습니다.

스콜라 그리스도론

스콜라 그리스도론은 예수 그리스도를 하느님의 '로고스'로 해석하는 데서 시작합니다. 예수 그리스도가 하느님의 로고스라면, 인간이 이성과 지성이라는 선물, 그리고 인간 정신의 기능들에 부합하는 합리적인 방법들을 이용하여 믿음의 영역에 속하는 하느님 계시를 객관적으로 설명할 수 있다는 근거가 됩니다. 이성과 지성을 이용하는 합리적인 방법론들은 그리스, 아랍, 그리고 히브리 철학이 이미 사용하고 있던 지적 도구들로서 치열한 토론과 논쟁을 거쳐 이미 그리스도교 계시 이해에 적용되고 있었습니다.

이러한 방법론들은 또한 유명한 스콜라주의 학교들과 초기의 대학교들에서 받아들이게 되는데, 이 당시 신학적 성찰의 장이 교회와 수도원에서부터 학교들과 대학교들로 옮겨 가고 있었습니다. 이처럼 지적 장의 이동과 합리적 방법론들의 도입은 그리스도론의 접근 방식에도 큰 영향을 끼치게 됩니다. 즉 그리스도론에서 성경 해석은 점점 덜 중요해지고,

논리와 이성에 기반한 통찰력 있는 논쟁들이 주를 이루게 되며, 구원 역사와 관련된 답변보다는 형이상학적 답변을 추구하게 되었습니다.

그 예로 두 명의 신학자들을 소개하려 합니다. 한 명은 초기 스콜라 시대 인물인 캔터베리/아오스타의 안셀무스(Anselm of Canterbury/Aosta, 1033경-1109)이고, 다른 한 명은 스콜라주의가 절정에 달한 시기의 인물로 토마스 아퀴나스(Thomas Aquinas, 1225경-1274)입니다. 예수 그리스도에 대한 존재론적인 질문들은 이미 초기 교부들의 공의회에서 해결되었고, 이어서 새로운 그리스도론적 질문, 즉 "Cur Deus Homo? 왜 하느님은 인간이 되셨는가?"가 200년 동안 대두되었습니다. 스콜라 시대에 그리스도론과 관련된 대부분의 논서는 이 질문을 다루었는데, 안셀무스는 초기 스콜라 시대부터 라틴 교회의 신학적 논쟁에 큰 영향을 행사하게 됩니다.

1) 캔터베리/아오스타의 안셀무스

안셀무스의 그리스도론 전개는 새로운 철학 방법론의 영향을 받게 되지만, 실제로 그가 속했던 봉건 시대 법률적 범주들에 더 큰 영향을 받게 됩니다. 교부들과 달리 그는 그리스도론 성찰을 예수 그리스도와 하늘의 아버지 혹은 예수 그리스도와 삼위일체이신 하느님과의 관계에서 창조와 역사 그리고 인간의 타락사로 진행하지 않았습니다. 안셀무스는 아우구스티누스의 영향으로 타락한 인류의 죄에 초점을 맞추고 엄격히 이 문제와 관련한 신학적 인간학적 관점에서 그리스도의 중요성을 고찰하였습니다.

이렇게 안셀무스는 신학 논쟁의 중심 주제를 바꾸게 되는데, 삼위일체이신 하느님, 예수 그리스도를 통한 계시 그리고 예수 그리스도와 피조물 사이의 관계, 역사와 인간 현실 이제는 신학 논쟁의 중심에 자리하지 못했습니다. 대신에 존재론적으로 타락한 인간과 하느님, 특히 예수 그리스도와 그분의 인간 죄에 대한 대응이 신학 논쟁에서 중요한 주제로 떠오르게 됩니다. 이처럼 신중심 혹은 그리스도중심의 신학이 인간중심(anthropocentric) 신학으로 바뀌게 된 것입니다. 이제 신학의 출발점은 더는 하느님의 신비가 아니라 피조물 가운데 일어나는 한 사건이 됩니다. 동방 신학자들, 도이츠의 루페르트Rupert of Deutz와 오툉의 호노리우스Honorius of Autun과 같은 많은 서방 신학자, 그리고 중요한 프란치스칸 신학자는 이런 추상적 신학을 달갑지 않게 여겼습니다. 그럼에도 불구하고 몇 세기 이후 로마 가톨릭교회의 신토마스주의(Neo-Thomism)과 신스콜라주의(Neo-Scholasticism)는 이런 비전을 수용하게 됩니다. 그럼 자세한 내용을 살펴봅시다.

안셀무스의 전통을 따르는 가르침은 다음과 같이 주장합니다.

a) 하느님이 창조하시고 인간이 죄로서 훼손한 우주의 질서

b) 하느님이 창조하신 질서를 훼손하는 것은 하느님에 대한 끝없는 공격이다.

c) 무한한 정의의 관점에서 하느님에 대한 공격을 대속과 벌로 갚아야 한다.

d) 하지만 유한한 인간은 대속과 벌로 하느님의 무한한 정의를 만족시킬 수 없다.

e) 무한한 하느님의 아드님이신 예수 그리스도만이 무한한 대속과 벌을 받을 수 있다. 자비와 사랑으로 하느님은 당신 아드님의

육화를 통해 이루어진 대속을 받아들이신다.

　f) 대속 육화(the satisfactory Incarnation)을 통해 인류는 속죄(redemption)를 받고 의화(justification)된다.

2) 토마스 아퀴나스

　토마스 아퀴나스는 안셀무스가 제시한 일부 신학적 비전은 동의하지 않았지만, 그의 주요한 그리스도론 관점들을 받아들이고 안셀무스의 그리스도론을 확장하였습니다. 이런 맥락에서 우리는 중세 시대 토마스 아퀴나스의 영향력은 제한적이었음을 주지할 필요가 있습니다. 중세의 위대한 도미니칸 신학자는 오히려 대 알베르투스였습니다. 토마스는 트리엔트 공의회 이후에 주목받기 시작했으며 신스콜라주의와 반근대주의라는 맥락 안에서 로마 가톨릭교회 내에서 거의 전능한 신학자로 여겨지게 되었습니다. 반면 당대의 토마스는 오히려 의심의 눈초리를 받기도 했습니다.

　한편 토마스 아퀴나스의 그리스도론은 안셀무스의 의화론적 그리스도론에서 확장했으며, 인간의 죄뿐만 아니라 아래와 같은 문제들도 숙고하였습니다.

　a) 예수 그리스도의 일성(oneness)과 존엄(integrity)
　b) 신성의 도구로서 예수 그리스도의 인간성
　c) 과학과 모든 실체의 근거인 그리스도의 신비
　d) 자유와 은총의 문제
　e) 예수 그리스도의 공덕과 하느님의 자비

f) 육화의 이유
   g) 이상의 문제들을 논의한 이후에야 토마스는 안셀무스의 대속 육화론을 다루게 됩니다.

이와 같은 서구 스콜라주의 접근법에서 그리스도론은 인간 죄와 관련된 문제로 축소되며, 구속을 설명하기 위한 도구가 되었습니다. 그렇다면 인간이 죄를 짓지 않았을 경우 과연 그리스도와 그분의 육화는 필요하지 않았을까요?

7.1. 프란치스칸 그리스도론

프란치스칸 학자들은 당대 여러 학파의 관점들을 공유하면서도 성 프란치스코의 영성과 프란치스칸 전통 안에서 독창적인 그리스도론을 발전시켰습니다.

성 프란치스코의 신학적 영성적 시각

   a) 삼위일체적 그리스도론

프란치스코는 하느님의 삼위 중 한 위격에 대해 이야기할 때도 다른 위격들을 함께 언급하면서 항상 삼위일체를 염두에 두었습니다. 삼위 안에서 성부는, 위계적으로 군림하지 않으면서도 신성의 근원이며 원천이라는 특별한 자리를 차지합니다. 성부와 성자의 관계, 성령과 성부의 관계는 성부를 흘러넘치도록 부어주는 존재로 이해하는 구도 안에서 바라봐야 합니다.

프란치스코의 그리스도론은 이러한 삼위일체 이해를 바탕으로 하는데, 삼위일체이신 하느님은 예수 그리스도 안에서 당신의 충만한 생명을 피조물에게 부어 주십니다.

b) 하느님의 아들

프란치스코의 삼위일체적 시각 안에서, 우리는 성부와 성자 사이의 가깝고 친밀한 관계를 보게 됩니다. 예를 들어 프란치스코가 성부를 지칭할 때는 대체로 예수 그리스도의 아버지라고 불렀습니다. 성자는 성부로부터 그의 생명과 신성을 받았고 성부의 생명과 신성에 충만하게 참여합니다. 바로 이러한 점 때문에 성자는 성부와 같은 존재가 됩니다. 아들로서 성자는 성부의 표현이며 모상이며 아들을 보는 이는 곧 아버지를 뵙는 것입니다. 하느님은 영이시며 성부는 닿을 수 없는 빛 속에 사시기 때문에 하느님은 성령의 도움으로 오직 성자 안에서만 인식될 수 있습니다.

하지만 예수님 또한 오직 성령 안에서만 성자로 인식될 수 있습니다(참조: 「권고」 1). 아들로서 예수는 생명을 가져오는 분이십니다. 성자는 성령과 함께 창조의 중개자이시고(참조: 「비인준 규칙」 23), 성자 안에서 인간은 성부의 자녀가 되었습니다. 예수는 성부의 마음에 드는 아들이시며 첫아들이시고(참조: 「권고」 5,1; 「주님 기도」 6-7; 「수난 성무」 7,3와 9,2와 15,3), 성부와 성자의 관계는 사랑의 속성을 보여 줍니다. 이 관계를 생각해 볼 때, 하느님의 자녀들인 인간은 예수 안에서 성부 하느님의 참된 지혜를 알아볼 수 있습니다(참조: 「1신자 편지」 2,9; 「2신자 편지」 67). 그리고 성자 안에서 삼위일체의 신비뿐만 아니라 성부 하느님의 신비 또한 드러납니다. 이 성자 안에서 하느님의 지혜를 찾으려 할 때 성령의 지혜를 얻게 되는데, 모든 악을 피하고 우리를 선으로 이끄는 사랑의 관계 안에서 생명을 얻기 위해서는 이 성령의 지혜가 필요합니다.

c) 하느님의 말씀

참된 지혜이자 성부를 계시하는 성자 안에서 프란치스코는 하느님의 말씀을 알아봅니다(참조: 「2신자 편지」 2-3). 성부께서는 당신 자신과 당신의 뜻을 이 유일한 말씀이신 주 예수를 통해서 계시하십니다. 이 계시는 성부께서 표현하고 전하고자 하시는 모든 것을 담고 있는 유일한 말씀에 관한 것입니다. 이 말씀에 귀 기울이는 것은 하느님께 귀 기울이는 것입니다. 영이며 생명인 성령의 말씀은 예수의 삶과 그분의 말씀을 통해 계시되었습니다(참조: 「비인준 규칙」 22,43). 복음은 이 말씀의 현현이며, 프란치스코와 그의 첫 형제들은 이 말씀을 자신들 삶의 기반으로 삼았습니다(참조: 「유언」 16). 프란치스코는 종종 말씀에 봉사하는 것에 대해 언급합니다(「2신자 편지」 2; 「유언」 13). 당시에 말씀에 봉사한다는 것은 성사를 거행한다는 것과 밀접한 관련이 있었습니다. 하느님의 말씀인 복음은 성사적 성격을 지니고 있었고, 말씀은 다른 성사와 마찬가지로 거행되어야 하는 것이었습니다(「형제회 편지」 35-36; 「성직자들에게 보낸 편지」).

d) 참 하느님이며 참 인간

예수 그리스도를 하느님의 아들이시며 하느님의 말씀으로 바라보는 것은 그분의 신성과 연관됩니다. 하느님께서 참 인간이 되시고 우리와 같은 모습이 되셨습니다(참조: 「2신자 편지」 4). 하느님의 말씀이 참으로 연약한 인간의 육신을 취하신 것입니다. 프란치스코가 항상 예수 그리스도를 삼위일체의 시각 안에서 바라보았던 것처럼, 그는 항상 예수 그리스도의 신성과 인성이라는 두 본성을 바라보았습니다. 프란치스코는 예수 그리스도 안에서 위대한 신성과 피조물인 인간 존재 사이의 결합을 바라보았습니다. 신성과 인성의 이 결합 때문에 프란치스코는 예수 그리스도를 하느님과 피조물의 중개자로 받아들였습니다. 예수 안에서 하느님은 볼 수 있고 만질 수 있고 들을 수 있는 존재가 됩니다. 예수는 하느님에 대한 진리와 인간에 대한 진리를 동시에 계시합니다.

예수를 참 하느님이며 참 인간으로 바라보는 시각은 신성과 인성, 영적인 것과 물질적인 것 사이의 긴장에 대해서 생각하게 합니다. 이러한 상반되는 양극 사이의 긴장은 참 하느님이며 참사람이신 분의 중재로 이어지고 화해를 이룹니다. 이 중재를 통해 모든 물질적인 것과 육신은 하느님의 창조적 선으로부터 나오게 됩니다. 더 나아가 물질과 육신은 하느님의 아드님께서 그것을 취하심으로써 거룩하게 됩니다. 그분 안에서 육신은 더는 영에 반대하지 않고, 물질은 영적인 것을 방해하지 않습니다. 프란치스코가 자신의 육신을 홀대했음에도 불구하고 그의 그리스도론은 마니교나 영지주의적 시각을 취하지 않았습니다.

프란치스코는 자신의 영성 생활에서 사람이 되시어 이 땅에서 사셨던 하느님의 신비를 깊이 묵상하였는데, 그러면서 그리스도의 선재

先在, 파스카 신비, 최후의 영광과 일관성을 잃지 않았습니다.

e) 주님

주님이라는 예수 그리스도의 호칭은 프란치스코의 글에서 특별한 중요성을 지닙니다. 그의 글에서 이 명칭은 가장 많이 사용된 그리스도론적 표현입니다. 프란치스코는 이 호칭을 전례의 "주 예수 그리스도를 통하여"로부터 취했을 가능성이 큽니다. 이 호칭은 신인神人이고, 하느님의 말씀이시며 하느님의 아들인 예수 그리스도의 존재를 함축하고 있습니다. 프란치스코는 그리스도론적 시각을 요약하면서 예수의 보편적 주권을 알아봅니다(참조: 「형제회 편지」 35). 이러한 보편적 주권은 모든 존재를 비추는, 모든 피조물에게 생명을 주는 참된 빛으로 해석됩니다(참조: 「태양 노래」). 참된 빛이신 주님은 또한 심판관이신데, 프란치스코는 예수그리스도를 종말론적 시각에서 바라보기도 합니다(참조: 「성직자 편지」 14; 「비인준 규칙」 23,4).

f) 하느님의 종

육화하신 예수를 주님으로 보는 것만으로는 아직 프란치스코의 그리스도론의 위대한 전환이 이루진 것이 아닙니다. 프란치스코가 주님이신 예수께서 가난하고 비천한 종이 되기 위해 자신의 주권을 포기하셨음을 생각하게 되었을 때 비로소 그의 그리스도론은 바뀌게 됩니다(참조: 「2신자 편지」 11-14). 프란치스코는 예수께서 종이 되심을 두 가지 차원에서 생각합니다. 첫째, 예수는 하느님의 뜻에 따라 구원 계획을 완수하는 아버지의 종이고, 아버지의 뜻대로 타락한 인류를 위해 자신의 생명을 바치는 인류의 종이 되신 분이며, 프란치스코는 예수를 선한 목자로 알아봅니다(참조: 「권고」 6,1). 프란치스코의 이런 시각 안에서 '자기 비움'의 신학적 의미를 알 수 있습니다. 예수의 가난하고 비천한 종으로 사는 삶은 프란치스코에게 예수의 발자취를 따르기 위한 필요조건이 되었습니다. 프란치스코는 또한 이 자기 비움 신비의 실현을 특별히 성체 성사 안에서 알아보았습니다(참조: 「권고」 1,16-18; 「형제회 편지」 34-37).

g) 우리의 형제

이 자기 비움을 통해 예수는 우리의 형제가 됩니다. 그분의 포기는 비참한 상태에 있는 인류와의 위대한 결속, 아무런 제한이 없는 사랑에서 나오는 조건 없는 결속을 드러냅니다. 종이 됨과 형제가 됨은 상호 관계에 있습니다. 형제는 섬기고자 할 때 참된 형제가 되고, 종은 그의 섬김 때문에 형제가 됩니다. 특별히 신자들에게 보내는 편지들에서 프란치스코는 예수의 형제애가 삼위 전체와의 친밀하고 친근한 관계로 이끌어줌을 묵상합니다(참조: 「1신자 편지」 1,13; 「2신자 편지」 56). 프란치스코는 예수 그리스도 안에서 발견되는 이 형제애에서 참된 삶의 양식을 찾았습니다. 그리스도 중심의 형제애는 모든 인류뿐만 아니라 피조물 전체를 형제요 자매로 바라보는 보편적 차원을 지닙니다.

7.2. 대속 그리스도론에서 자기 비움의 그리스도론으로

교의의 중심에는 그리스도론이 있습니다. 지난 세기들 동안 서방 교회에서는 대속 그리스도론이 지배적이었고 여전히 큰 설득력을 가지고 있습니다. 하지만 이것은 그리스도론의 여러 가능성 중의 하나로서 프란치스칸이 주창해 온 다른 그리스도론도 있습니다. 이 두 그리스도론은 모두 가톨릭교회의 주요 교리적 가르침들에 근거하면서도 다른 신학을 전개해 나가는데, 교회의 핵심 가르침을 문화적·종교적 배경에 따라 새로운 관점에서 이해하고 가르칠 수 있다는 것이 바로 '가톨릭성'을 드러낸다고 봅니다.

가톨릭교회의 주요 가르침들

인간의 죄성(타락한 인간 본성), 신적 개입의 필요(은총)
예수 그리스도를 통한 하느님의 구속 행위, 예수 그리스도의 희생

전통 A (캔터베리의 안셀무스 등)	전통 B (그리스 교부들, 요한 둔스 스코투스 등)
● 주요 관점: 죄	● 주요 관점: 구원 경륜
● 문화적 배경: 아일랜드-스코틀랜드(켈틱), 게르만 세계관, 그리고 법률	● 문화적 배경: 교부전통-지중해 지역 세계관, 그리고 로마법
● 죄=주어진 질서를 어기는 불순종	● 죄=소유와 관계 파괴로서의 불순종
● 결과: 버려짐, 하느님의 모상성(image)과 유사성(likeness) 상실	● 결과: 치유 필요, 유사성 상실, 그리고 모상성은 유지됨
● 인간의 죄를 하느님에 대한 끝없는 공격이며 대속, 벌, 그리고 보상이 필요함	● 인간의 죄는 치유, 개선, 재생을 해야 하는 유한한 행위
● 인간은 충분한 대속을 할 수 없기에, 하느님의 아드님인 예수 그리스도께서 대속 제물로 자신을 바치심	● 인간 스스로 치유하거나 재창조할 수 없기에 하느님의 아드님이신 예수 그리스도께서 사랑의 제물로 자신을 바치심

가톨릭교회의 가르침의 핵심에 인간의 죄성(타락한 인간 본성)과 인류를 구원하기 위한 하느님 은총의 필요성에 대한 가르침이 있습니다. 하느님께서는 당신의 아드님이신 예수 그리스도 안에서 구원 행위를 하시는데, 예수 그리스도의 희생을 통해 인류의 구원이 이루어지게 됩니다. 여러 신학 전통은 교회의 이 핵심 가르침을 따르면서 다양하게 발전해 나갑니다.

전통 A는 캔터베리의 안셀무스와 다른 스콜라 학자들의 가르침을 따르며, 교리를 해석하는 신학적 관점은 죄입니다. 이 전통은 아일랜드-스코틀랜드(켈틱), 게르만족의 세계관과 법을 그 문화적 배경으로 가집니다. 여기서 죄는 주어진 질서를 어긴 불순종으로 이해되며, 이 죄로 인해 인류는 길을 잃고, 하느님의 모상성(image)과 유사성(likeness)을 상실하게 됩니다. 또한, 인간의 죄는 하느님에 대한 끊임없는 공격으로 이해되며, 죄에 대응하는 대속, 징벌 그리고 보상이 필요합니다. 인간은 충분히 대속할 수 없기에 예수 그리스도는 인간을 대신하여 희생 제물로 자신을 바칩니다.

전통 B는 같은 핵심 가르침을 다르게 접근하는데, 이 전통은 그리스 교부들과 이후 요한 둔스 스코투스와 기타 신학자들에 의해 발전하게 됩니다. 여기서 신학적 해석의 주요한 관점은 구원 역사입니다. 하느님의 구원 경륜은 당신의 창조에서 시작해서 하느님과의 일치라는 목적을 향해 나아갑니다. 이 전통은 교부 시대-지중해 연안 세계관과 로마법을 그 문화적 배경으로 가집니다. 여기서 죄는 관계의 파괴로 이해되기에 벌이 아니라 치유가 필요합니다. 또한, 인간이 하느님의 유사성은 상실했지만 하느님의 모상성은 계속 간직하고 있다고 주장합니다. 인간은 유한한 피조물이기에 그가 범한 죄는 영원한 행위일 수 없으며 제한적인 행위라고 봅니다. 죄인으로서 인간은 치유와 개선 그리고 재창조를 해야 하는데, 인간 스스로 치유할 수 없기에 하느님의 아드님이신 예수 그리스도께서 사랑의 희생 제물로 자신을 바칩니다.

전통 A를 따르는 서방 교회의 주요 학파들에서는 그리스도론을 속죄의 관점에서만 성찰했습니다. 속죄적 그리스도론은 죄의 신학에 종속되는데, 하느님의 창조적 행위는 인간의 죄에 대한 반응으로 해석되며, 대부분의 신앙관과 세계관은 오직 죄의 관점에서 바라보게 됩니다. 결과적으로 인간에 대한 부정적인 시각과 세계와 창조에 대한 비관적인 해석으로 이어집니다. 이처럼 인간의 죄에 기반하면서 신학적 성찰은 더는 '신학'이 아닌 인류학적 관점에서 죄를 중심에 두고 발전하게 됩니다.

프란치스칸 전통은 동방 그리스 신학의 체계를 따랐는데, 이 신학적 틀 안에서 그리스도론은 창조, 역사, 하느님의 뜻과 다스리심(경륜)을 바라보는 보다 폭넓은 시각 안에 통합되었고, 구속의 필요성에 대해 과소평가하지 않으면서도 신학의 중심을 죄의 측면에서 하느님 경륜의 충만함으로 이동시킵니다. 또한, 프란치스칸 신학자들은 육화를 더욱 넓은 지평 안에서 생각하게 되었는데, 하느님 사랑의 계획 안에서 육화를 대신 벌을 받는다는 관점이 아니라 사랑을 통한 속죄로서 이해했으며, 이러한 육화는 그리스도론의 자기 비움(Kenosis)의 측면을 잘 드러냅니다.

자기 비움

1) 육화는 구원 경륜의 한 부분으로서 하느님의 구원 행위 안에서 이해해야 합니다. 즉 하느님은 당신의 구원 경륜을 통해, 하느님이 사랑이심을 드러내 보이고, 성령의 힘 안에서 성자에 의해 성부를 영광스럽게 하고, 하느님과 모든 존재가 일치를 이루는 가운데 인류의 운명을 완성하시는데, 육화는 이러한 경륜 계획에 비추어 해석해야 합니다.

2) 그런데 죄로 인해 어둠에 빠진 인간은 하느님 구원 계시를 보지 못하고, 죄 안에서 인류는 하느님을 영광스럽게 하고 하느님과 사랑의 일치를 이루는 것을 거부합니다. 인류가 죄로 하느님을 거부하면서, 육화는 수난과 십자가를 통해 '자기 비움'(Kenosis)의 길을 취하게 됩니다.

3) 예수는 성부와 인류에 대한 사랑 때문에 일치의 끈이신 성령의 힘 안에서 그의 사명에 끝까지 충실하면서 자신을 들어 높이기를 거부하고 수난과 십자가를 받아들입니다. 자기 비움을 통해 예수는 인간의 죄로 인해 세상에 들어온 죽음이라는 하느님에게서 가장 멀리 떨어진 곳까지 내려가서 그의 사랑으로 모든 이를 변화시키고 성부께 영광을 드립니다.

4) 자기 비움의 사랑은 인류의 해방과 의화를 위한 대가와 이유이며, 하느님 경륜 계획의 완성 안에서 이루어지는 구속과 구원을 위한 대가입니다.

5) 죄가 인간을 영적이고 육체적인 차원에서 망가뜨려 버렸다면, 사랑의 자기 비움은 육체적이고 영적이고 개인적인 차원에서 인간

을 회복시킵니다. 또한, 우유적으로 생겨난 모든 것이 구원됩니다. 자기 비움의 사랑 안에서 예수는 죄로 인해 생겨난 모든 것과 우유적으로 존재하는 모든 것을 받아들였고, 이 모든 것을 하느님의 영광 안으로 변화시켰습니다.

인류의 재창조

인류의 재창조는 특별히 애정(affect)과 의지의 차원과 관련되어 있습니다. 자기를 비우고 한없이 낮추어서 십자가 위에서 고통받는 예수의 이미지는 인간을 향한 그의 사랑의 깊이를 드러냅니다. 프란치스칸 전통은 이 안에서 하느님 사랑의 극대화(넘쳐흐름)를 알아봅니다. 이 십자가에 못 박힌 사랑은 단단하게 굳어 버린 인간의 마음과 죄의 완고함을 뚫을 수 있습니다. 십자가에서 고통받는 그리스도의 이미지는 인간의 마음에 닿아 애정의 힘을 해방시키고 연민과 사랑의 능력을 되찾아 줍니다. 하느님에게서 멀어진 채 잘못된 대상을 향하게 된 애정은 비로소 자유로이 최고의 선을 찾아 나서게 됩니다. 그런데 십자가에 달린 예수님으로 인해 생겨난 이 선에 대한 이끌림은 의지를 수반해야 합니다. 의지는 마음이 느끼는 것에 일치하고, 신앙을 통해 인간의 삶을 예수 그리스도에게 결합합니다. 십자가로 인해 생겨난 이끌림과 의지의 자유로운 결정을 통해 인간은 자기 자신과 세상을 하느님께 충실할 수 있습니다. 이렇게 인류는 성령의 도우심으로 하느님과의 일치로 되돌아가 새로운 창조를 맞게 되고, 하느님은 충만한 영광을 받게 됩니다.

새로운 창조를 위한 삶은 다음과 같이 요약할 수 있습니다.

새로운 창조의 삶

1) 그리스도의 발자취를 따르는 것
2) 가난과 겸손으로 그리스도의 자기 비움을 따르는 것
3) 참된 지혜의 모범인 그리스도의 자기 비움을 지향하는 것
4) 세상으로부터 멀어지는 대신에(Fuga Mundi) 이 세상의 현실 안에서 '변화해 가는 육화'로서의 자기 비움의 길을 걷는 것
5) 하느님과의 일치와 그분의 영광을 드러내기 위해 중요한 믿는 이들의 애정(affect)과 자유 의지
6) 유대감을 보편적 형제애·자매애의 실천으로 통합
7) 성령의 힘으로 예수 그리스도 안에서 하느님을 닮은 모상의 창조 회복

7.3. 교의에서 실천으로: 성령론적 그리스도론

"왜 하느님이 사람이 되셨는가"라는 질문에 대한 성찰을 통해서 프란치스칸 전통은 그리스도론의 본질적인 특징들을 이해합니다.

1) 창조의 주된 이유는 인성과 신성의 결합(위격적 결합)과 하느님께 영광을 드리는 것입니다(그리스도의 우위성).
2) 말씀(Logos)과 인간 본성의 위격적 결합은 인류와 창조 세계의 완성을 실현합니다.
3) 위격적 결합 안에서 모든 피조물은 예수 그리스도와 하나 되고, 그리스도 안에 모든 것이 수렴되며, 수렴의 중심에 있는 그리스

도는 모든 것이 지향하는 선입니다.

4) 하느님의 말씀은 역사 안으로 들어와 역사가 되었습니다.
5) 육화한 말씀은 창조적 행위 안에서 하느님의 자기 통교이며 개입입니다.
6) 육화를 통해 우유적이고 유한한 세상 안으로 영원히 들어옵니다 [영원의 현현은 종말(Eschaton)이라는 새로운 지평을 열게 됩니다].
7) 육화는 창조 세계를 하느님이 예정하신 목적지로 인도합니다.
8) 육화는 창조된 시간과 공간 안으로 하느님의 지속적이고 영원한 창조적 에너지를 끌어들입니다.
9) 육화는 타락한 인간 본성을 회복시키고 재창조하며 죄로 인한 상처를 치유합니다.
10) 육화 안에서 하느님의 아들은 구속을 통해 죄와 죽음으로부터 구원을 실현합니다.

이러한 그리스도론과 육화 신학은 사변적인 신학을 넘어서 육화 안에 드러나는 하느님의 창조적인 모습을 통해 하느님을 알고자 합니다. 이런 창조적인 하느님이 신학의 대상이라면, 결과적으로 신학은 순수 사변 학문일 수 없고 실천 학문이어야 합니다.

존재론의 중요한 변화: 존재 자체에 대한 존재론(the ontology of being, 정적임)으로부터 되어 감의 존재론으로(the ontology of becoming, 충만을 향해 열려 있음)

1) 파도바의 안토니오는 자신의 성서적 전례적 묵상에 기반하여 하느님의 구원과 구속 행위에 대한 응답으로서 인간은 신앙을 실천에 옮겨야 한다고 보았습니다.
2) 헤일스의 알렉산더는 현실에 직접 참여하시어 창조를 계속하시는 하느님을 제시합니다.
3) 보나벤투라와 다른 이들은 자기를 내어 주는 가운데 모든 것을 창조하시고 새롭게 하시는 하느님을 관상했습니다.
4) 요한 둔스 스코투스는 마태 22,37-40과 로마 13,10에 기반하여 하느님의 사랑에 대한 인간의 응답이라는 차원에서 신학을 실천 학문으로 보았습니다. 신학은 단순히 사변에 머물러서는 안 되며 하느님을 향한 사랑을 증진시키고 하느님을 맛보고 즐기면서(Fruitio Dei) 그분과의 일치로 나아가야 합니다. 하느님의 실천적인 사랑은 예수 그리스도와 그분의 육화 안에 드러나며, 신학은 삼위일체 하느님의 사랑에 사랑의 실천을 통해 응답하도록 가르치기 때문에 '체험'의 학문입니다.
5) 예수 그리스도 안에 드러난 하느님의 사랑은 성령에 의해 교회에 주어집니다. 성령은 변화의 중개자입니다(참조: 로마 5-8). 성령은 그리스도의 사랑 위에 교회를 세우고 창조 세계와 교회 안에서 이 사랑이 지속하게 합니다. 예수 그리스도의 육화 안에서 사랑은 역사의 한 부분이 되며, 성령은 사랑 안에서 세상을 변화시키고 창조의 목적지(Eschaton)로 인도합니다. 성령은 하느님 사랑의 중재자로서 역사 안에 있습니다.

실천적인 그리스도론은 프란치스칸 신심을 통해 구체화됩니다. 신심은 경배에 참여하는 것으로 이해되며, 많은 경우 종교 활동은 경배와 다양한 신심을 의미합니다. 그런데 종종 대중적인 신심 행위들 안에서 경배는 일상 현실과 삶으로부터 괴리되어 단순한 예식이 되어 버리곤 합니다. 프란치스칸의 실천적인 그리스도론은 신심이 하느님 왕국을 건설하기 위해 복음의 가치들을 내면화하는 데 도움이 된다고 봅니다. 또한, 경배는 믿는 이들이 예수의 삶으로 들어가 그의 삶에 적극적으로 참여하도록 돕는다고 여깁니다. 이처럼 실천적 그리스도론은 우리가 신심과 경배를 통해 예수 그리스도 안에서 인간의 육신을 취하신 하느님의 창조 활동에 동참한다고 봅니다.

7.4. 삼위일체적 그리스도론: 프란치스칸 전통의 중대한 공헌

1) 프란치스코는 예수 그리스도에 관해서 이야기할 때 항상 성부와 성령을 함께 언급합니다. 그는 성자를 통해 성부와 성령이 드러남을 잘 알았습니다. 프란치스코의 그리스도 중심 신학과 영성은 성부의 참된 모상인 예수 그리스도의 발자취를 따르기 위해서 주님의 성령과 성령의 거룩한 활동을 받아들이는 것에서 정점을 이룹니다.

2) 성 안토니오는 예수 그리스도를 성부의 마음에서 나오시는 분, 성부와 성령과 함께 신적 일치 안에 우주의 모든 존재를 모아들이시는 분으로 제시합니다.

3) 헤일스의 알렉산더의 직관적인 그리스도론에서, 성자는 창조적인 성부를 보여 주며, 성령과 함께 하느님의 일을 하시는 분으로 그려집니다.

4) 보나벤투라의 강한 그리스도 중심성은 창조되지 않은 말씀, 육화하신 말씀, 영감이 깃든 말씀에 대한 부분에서 정점을 이룹니다. 우주적 그리스도, 성부의 말씀은 성령을 보내시고, 그 성령께서는 성자가 시작하신 재창조를 완성하십니다.

5) 페트루스 요한네스 올리비는 삼위일체의 표징을 통해 역사를 바라보는 시각을 제공합니다. 성부께서는 영원한 창조력으로 창조를 시작하시고, 이 창조는 성자 안에서 정점에 이르며, 성령께서는 역동적으로 모든 것을 역사의 완성에 맞도록 변화시키십니다.

6) 요한 둔스 스코투스는 하느님을 선과 사랑 안에서 완전히 자유로우신 분으로 보았고, 한 분이고 삼위이신 하느님께서는 하느님의 최고 작품인 예수 그리스도 안에서 당신 자신을 드러내신다고 보았습니다.

7) 시에나의 베르나르디노는 그의 그리스도론을 삼위의 구속적인 사랑에 연관 짓습니다.

8) 라몬 룰Ramon Llull은 육화하신 성자 안에서 한 분이시며 삼위이신 하느님의 위대함, 선성, 지혜, 그리고 사랑을 알아봅니다.

8. 결론: 내일을 위한 신학

프란치스칸 전통의 삼위일체적 접근은 신학의 몇 가지 중요한 요소들을 고찰하는 데 도움이 됩니다.

1) 프란치스칸 전통의 삼위일체적 접근은 일치 안에서 다양함, 반대가 아닌 일치 안에서 다른 신학적 고찰이 가능함을 보여 줍니다. 또한, 위계(hierarchy)는 수직 구조가 아닌 관계와 상호 구조로, 종속적이기보다는 각 구성원 사이에 서로를 내어 주는 관계로써 이해할 수 있습니다.

2) 존재는 선성과 사랑의 표현으로서 하느님으로부터 무상으로 주어진 선물로 이해됩니다(참조: 생빅토르 학파).

3) 새로운 교회론: 교계(the ecclesiological Hierarchy, hieros=거룩한, arche=근원)는 더는 군주적인 제도로 간주하지 않고 하느님 백성인 교회를 그 거룩한 근원으로 연결하는 구조로 이해합니다(참조: 위디오니시우스).

4) 일방적인 패권주의를 지양하고 다양성 안에서 일치를 이루기 위해 그리스도 교회 간 대화가 필요합니다(참조: 라문 룰).

5) 무시하거나 무관심하지 않으면서 서로를 존중하는 관용 안에서 '상반되는 것의 동시 존재'(coincidence of opposites) 개념을 바탕으로 종교 간 대화가 이루어져야 합니다(위격적 결합의 모델 안에서 '상반되는 것의 동시 존재'를 볼 수 있으며, 예수 그리스도 안에서 신성과 인성의 결합, 하늘과 땅의 결합이 그 예입니다. 참조: 쿠사의 니콜라스).

8.1. 프란치스칸 교회론과 세계관에 관련된 성서 주제

프란치스칸 영성과 신학은 성경에 근거하는데, 다음의 성서적 주제들이 큰 영향을 미치게 됩니다.

1) 하느님은 최고선이십니다.

2) 최고선이신 하느님은 창조와 역사적 사건들 안에 내재하시며 그의 내재는 성자 예수 그리스도의 육화로 더 분명해집니다.

3) 신자들은 길이요, 생명이고, 진리인 예수 그리스도의 발자취를 따라야 합니다.

4) 예수 그리스도의 발자취를 따르는 삶은 목숨을 내어놓는 서로 간의 사랑과 발씻김의 모범을 따르는 봉사의 삶입니다.

5) 그리스도인들의 삶은 진복 팔단과 황금율을 따릅니다.

6) 그리스도인들 특히 프란치스칸들의 사명은 선교입니다.

7) 인간은 이 세상에서 순례자이며 나그네입니다.

8) 주님의 영과 영의 활동을 간직하는 것이 중요합니다.

8.2. 기본적 신학 주제

성경적 영감을 바탕으로 하는 프란치스칸 신학 주제들은 다음과 같습니다.

1) 프란치스칸 신학 전통 안에서 삼위일체적 특성은 아주 두드러집니다. 프란치스칸들의 신학은 삼위일체를 시작점으로 하는데, 그들의 신관은 삼위일체를 중심으로 하고, 신학적 고찰은 삼위일체적 구조를 가지며 발전합니다. 삼위일체적 신학 고찰은 관계적 존재론, 다양성 안에서 일치, 복종이 아닌 서로 생명을 내어 주고

대화하는 상호성 강조로 귀결됩니다.

2) 프란치스칸 신학에서 계시가 차지하는 비중이 탁월한데, 프란치스칸들은 사변적인 신학보다는 계시로서의 성경 말씀 해석에 더 큰 비중을 줍니다.

3) 프란치스칸 신학은 지속적인 창조를 주장하는데, 창조를 태초 창조 시점에서 끝난 사건으로 보는 것이 아니라, 창조적이고 생명을 주시는 하느님께서 계속해서 창조를 지탱하시고 계속해서 새로운 생명을 주시며, 궁극적으로 창조를 완성으로 인도한다고 이해합니다.

4) 프란치스칸 신학은 자기 비움의 육화를 '가장 중요한 하느님의 업적'이라고 봅니다. 프란치스칸들은 육화를 죄와 죽음을 극복하고 인류와 창조계를 하느님 당신과 결합하시고자 하는 의지의 표현으로 바라봅니다.

5) 프란치스칸 신학 전통에서 성령론도 아주 중요하게 다루어지는데, 성령은 하느님의 역동적인 활동으로 인식됩니다. 즉 하느님은 성령을 통해 역사와 창조 안에서 활동하시며, 성령은 삼위 하느님의 주도적인 활동이라고 할 수 있습니다.

6) 종말론적 관점도 프란치스칸 신학에서 아주 중요합니다. 프란치스칸 전통은 과거의 역사에 지나치게 집중하기보다는 종말론적으로 다가오는 하느님 왕국에 관심을 가지며, 예수 그리스도의 재림을 기대하고 준비합니다.

7) 역사 중심 또한 프란치스칸 전통에서 중요한 특성 중의 하나인데, 프란치스칸 신학자들은 그리스 교부들의 하느님의 역사적 구

원 경륜이라는 개념을 받아들여서 구원 역사를 발전시킵니다. 하느님의 구원 역사는 창조 행위에서 시작하여 종말에 모든 피조물이 하느님과 일치를 이루는 하느님 창조의 완성으로 끝을 맺습니다. 이 구원 역사의 정점이자 중심에 예수 그리스도의 육화가 자리하며, 하느님의 자비로우신 구속 행위 또한 포함됩니다. 여기서 태초에 시작한 창조의 완성으로서 구원 개념은 죽음과 죄로부터의 구속으로서 구원 개념과 구별됩니다.

8) 이러한 구원 역사 이해에 따라 전통의 이해 또한 달라지는데, 프란치스칸 전통에서 전통은 전해 받은 유산을 그대로 변화시키지 않고 간직하는 것을 의미하지 않습니다. 오히려 전통은 종말론적 완성을 향해 진화해 나가는 과정이며, 유산은 언제나 새로운 역사적 현실에 적응하면서 발전시켜야 합니다.

8.3. 사목적 주제

프란치스칸 신학은 계시와 구체적인 삶의 연결을 지향하기 때문에, 교리를 실천적 사목에 접목하는 것이 중요합니다. 이제 지금까지 살펴본 성경적·신학적 틀을 바탕으로 발전시킨 프란치스칸 사목의 특징들을 살펴보겠습니다.

1) 삼위일체 신학의 영향 아래 사목은 일치 안에서 다수성과 다양성을 지향하며, 이를 바탕으로 포용적 형제애와 친교를 강조합니다.

2) 형제애와 친교는 포용주의적 자세를 가질 때 가능하며, 포용주의

는 보편주의적 관점과 관련합니다. 포용주의와 보편주의는 하느님께서 당신이 창조하신 세상 모든 곳에 그리고 역사의 모든 순간에 현존하심을 생각하고 가능한 모든 것을 구원으로 초대하고자 합니다.

3) 실천 학문인 신학에서 체험은 중요한 자리를 차지합니다. 신학의 가르침은 일상생활에서 하느님 현존 체험을 돕는 데 이바지해야 하며, 사랑, 겸손, 자비, 그리고 정의를 실천하는 것 또한 하느님의 현존 체험을 위해서입니다. 실천 학문으로서 신학은 믿는 이들이 사랑의 실천을 통해 하느님의 현존을 체험하도록 돕습니다.

4) 믿는 이들의 삶은 일상생활 안에서 복음을 실천할 수 있는 지혜를 얻기 위한 순례의 여정입니다. 따라서 이론적인 교리 강의보다는 실천적 지혜를 권장하는 것이 중요합니다. 영적인 삶은 무조건 주어진 것에 복종하기보다 하느님 자녀의 자유로 나아가는 (transitus) 삶이며, 교리 주입보다 대화와 신앙의 자기화를 통한 변화가 필요합니다. 또한, 믿는 이들의 삶은 최후 심판에 대한 두려움이 아니라 하느님의 선에 이르고자 하는 열망으로 고양되어야 합니다.

5) 믿는 이들은 예수 그리스도의 발자취를 따르고 복음을 실천하면서 회개를 살고 세상을 회개로 초대하는 선교의 사명을 받습니다. 이런 선교 사명은 바로 세상에 하느님 자비의 복음을 전하는 것입니다.

6) 신앙생활에서 체험과 실천은 만남 안에서 이루어지며, 이 만남을 통해 우리는 복음 정신을 살아갈 수 있습니다.

7) 복음, 특히 「진복 팔단」의 가르침에 따라 모든 믿는 이는 참 평화를 위한 필수조건으로 자비와 정의를 살아가도록 불림 받았습니다.

8) 창조를 통해 하느님께서 자신을 드러내시기 때문에 인류는 자연을 보호할 특별한 사명을 가집니다. 모든 피조물을 자매요 형제로 알아본 성 프란치스코의 정신을 따라 프란치스칸 전통 또한 피조물을 하느님의 지혜, 아름다움, 관대함의 현현으로 인식합니다. 그러므로 인류는 자연을 착취할 권리가 없고 오히려 하느님의 선물인 창조계를 보전하고 보호할 의무가 있습니다.

9) 창조가 하느님의 현현이라면, 역사와 일상의 현실은 하느님께서 신비롭게 현존하시는 장이 되며, 역사와 현실은 성령의 빛 안에서 이해해야 합니다.

10) 실천을 중시하는 프란치스칸 신학은 믿는 이들의 영성 생활과 공적 삶의 이분법적 분리를 지양하고, 이들의 사회 경제 정치적 삶에도 영향을 미치게 됩니다. 하느님께서 지고의 선이시기에, 믿는 이들은 하느님의 최고선에 일치하는 공동선을 추구하고 증진하기 위해 정치·사회·경제 활동에 참여할 필요가 있습니다.

11) 하느님께서는 모든 것에 관여하시기에, 우리는 세상, 역사, 일상 안에서 하느님 현존의 신비를 알아보도록 노력해야 합니다. 하느님의 신비로운 현존으로 세상의 모든 것은 성사적 차원을 가지게 됩니다. 프란치스칸 신비가들은 이 같은 하느님의 현존을 발견하려 했으며, 모든 믿는 이도 신비가와 영성가가 되도록 불림 받았습니다.